LAROUSSE

Redacte su
currículum en
Inglés

EQUIPO EDITORIAL LAROUSSE
PARA AMÉRICA LATINA

Director editorial: Aarón Alboukrek
Editor adjunto: Luis Ignacio de la Peña
Coordinación editorial: Verónica Rico
Traducción: Sara Giambruno
Revisión técnica: Adriana Santoveña
Formación y revisión: Rossana Treviño

© Pocket

"D. R." © MMIV, por Ediciones Larousse, S. A. de C. V.
        Dinamarca núm. 81, México 06600, D. F.

PRIMERA EDICIÓN — 1ª reimpresión

ISBN 2-266-08241-8 (Pocket)
ISBN 970-22-1006-2 (Ediciones Larousse)

**Larousse y el Logotipo Larousse son
marcas registradas de Larousse, S. A.**

Impreso en México — Printed in Mexico

LAROUSSE

Redacte su currículum en *Inglés*

Fácil

por/by

Marie-Claude Roland y Martha Mast-Grand

LAROUSSE

Aribau 197-199 3ª planta   **Dinamarca 81**   **Valentín Gómez 3530**   **21 Rue du Montparnasse**
08021 Barcelona   **México 06600, D. F.**   **1191 Buenos Aires**   **75298 París Cedex 06**

Índice de contenido

¡CUIDADO! **WARNING!**

Usted encontrará en esta obra muchos ejemplos en las dos lenguas, español e inglés. No trate de traducir literalmente: si bien se trató de respetar lo más posible el texto, también se intentó transmitir el espíritu de cada lengua y su enfoque particular para cada situación.

Presentación

Para hacer un currículum eficaz no basta con copiar un buen modelo. El empleador no se acordará de un currículum estereotipado. La personalidad del aspirante debe aparecer en la información que se da y en la presentación del currículum.

Este manual se concibió para ayudar a redactar un currículum vitae con un lenguaje adecuado, con precisión y originalidad: se le ayudará a elegir el formato adecuado, las secciones y, además, encontrará indicaciones esenciales acerca de cómo funciona la lengua (sintaxis, tiempos) y un léxico abundante. Al respecto, el capítulo 2 es esencial. Una larga experiencia ha llevado a las autoras a consagrar un capítulo especial a los estudiantes: en él, encontrarán secretos para armar rápida y eficazmente un expediente para el extranjero.

Hay diferencias de ortografía entre el inglés británico y el inglés americano. En el siguiente recuadro se muestran las principales diferencias. En cuanto al uso, en el léxico se distingue entre las formas del inglés británico (GB) y el inglés americano (US).

	English English	**US English**	
our/or	col<u>our</u> behavi<u>our</u>	col<u>or</u> behavi<u>or</u>	(*color*) (*actitud*)
en/in	<u>en</u>quire <u>en</u>sure	<u>in</u>quire <u>in</u>sure	(*preguntar*) (*asegurar*)
re/er	cent<u>re</u> met<u>re</u>	cent<u>er</u> met<u>er</u>	(*centro*) (*metro*)
ce/se	defen<u>ce</u> licen<u>ce</u>	defen<u>se</u> licen<u>se</u>	(*defensa*) (*licencia, permiso*)
ise/ize	apolog<u>ise</u>	apolog<u>ize</u>	(*disculparse*)
xion/ction	conne<u>xion</u>	conne<u>ction</u>	(*conexión*)
double/ single consonant	progra<u>mme</u>	progra<u>m</u>	(*programa*)

CAPÍTULO 1

CUÁNDO Y POR QUÉ ESCRIBIR UN CURRÍCULUM

1.1   El papel del currículum

        ¿Para qué sirve un currículum?

1.2   ¿Qué estilo adoptar para su currículum?

        Cómo interpretar las ofertas de empleo

1.3   Ejemplos de currículums

1.4   Cómo armar el currículum

        Elección del formato

        Elección de secciones, títulos y subtítulos

A. Usted está estudiando

■ Usted desea hacer una pasantía o práctica a fin de adquirir experiencia,

- solicitud de práctica   de obrero,
  comercial,
  de ingeniero.

■ Usted desea trabajar durante el verano,

- solicitud de "**summer job**".

■ Usted presenta su solicitud para ingresar en la universidad, en letras o ciencias, o una escuela de comercio.

B. Usted ha terminado sus estudios

Está buscando su primer empleo, pero no tiene experiencia profesional o ésta se limita a las pasantías o prácticas o a actividades (en asociaciones, clubes, etc., en su área de trabajo o diversión) que usted ha efectuado por gusto.

C. Usted desea cambiar de empleo

Usted tiene, además de los diplomas, una amplia experiencia profesional y humana, así como una cierta cantidad de logros de los que está, con razón, orgulloso u orgullosa.

¡No existen los currículums-tipo (**standard resume**) o un modelo infalible que le garantice que su solicitud se considerará! A los empleadores, buscadores de talentos o gerentes de recursos humanos no les gusta recibir currículums estereotipados, simples imitaciones o plagios de modelos *"comodines"* o *"para todo"* (**all purpose-resume**).

Si usted pertenece a una u otra categoría de las que se presentaron en la página anterior, el objetivo por alcanzar será diferente y deberá adaptar la manera de presentar sus habilidades y su experiencia en función de ese objetivo.

Escribir, redactar un currículum no es un acto aislado. Debe ser el corolario de una reflexión destinada a medir sus habilidades y aptitudes. El currículum es un preludio para las etapas que vienen después: primero la entrevista y luego la negociación que se hace con el empleador potencial.

1.1 El papel del currículum/¿Para qué sirve un currículum?

* Desde el punto de vista del *empleador* (**employer**), del *buscador de talentos* (**head hunter**) o del *gerente de recursos humanos* (**human resources manager**) encargado del reclutamiento,

  el currículum vitae es un mecanismo que sirve para *filtrar* (**to screen**) a los *aspirantes* (**applicants**), para *hacer una selección* (**to sort**) entre las decenas o centenas de respuestas recibidas.

* Desde el punto de vista del aspirante que envía el currículum,

  éste es la oportunidad de resaltar sus *habilidades* (**skills**), sus *aptitudes* o *capacidades* (**abilities**), su *experiencia* (**know-how**), de dar a conocer sus *logros* (**accomplishments, achievements**), y sus *objetivos* (**objectives, future capabilities**).

Es un medio para lograr entrevistas, las cuales constituyen *una etapa en la búsqueda de empleo* (**a step in the job search process**).

---

1) Nunca olvide relacionar sus aptitudes con las necesidades y las expectativas del posible empleador. La coherencia entre el currículum y el puesto que se pide es una condición necesaria para sobrevivir a la primera selección.

2) Usted debe esforzarse por *captar la atención* (**catch the attention**) de quien leerá el currículum. Recuerde que no estará interesado en sus antecedentes, sino en sus aptitudes y en cómo le servirán a él.

Un buen currículum reflejará lo que usted es, dará una imagen de usted, de sus fortalezas, de su experiencia y de sus capacidades, y esto lo hará *resaltar entre la multitud* (**stand out from the crowd**).

Usted hablará de:

- sus habilidades y aptitudes,
- lo que le gustaría hacer,
- sus *expectativas* (**expectations**),
- sus objetivos de trabajo,
- lo que usted espera aportar a la empresa que lo *contratará* (**to hire, to recruit**),
- sus actividades, resaltando sus logros, sus talentos a fin de *mostrar lo que usted tiene de especial* (**demonstrate your uniqueness**), que usted es el *aspirante ideal* (**ideal candidate**). A usted le corresponde seleccionar qué hechos del pasado le permiten *aspirar al empleo* (**to apply for a job**) y qué lo hace *ajustarse al perfil solicitado* (**to fit the job**).

Por supuesto, antes de redactar su currículum deberá hacer un "balance" de usted mismo, analizar sus *fortalezas* (**strengths, strong points**) y sus *debilidades* (**weak points**), tener claros sus objetivos. La imagen que usted presente deberá resaltar su originalidad.

De esta manera, usted se conocerá mejor y ganará confianza en sí mismo. Esta *confianza en sí mismo* (**self-confidence**) crecerá. Los objetivos que usted se proponga estarán mejor definidos y alcanzarlos será más fácil.

Por lo tanto, tome el tiempo necesario para reflexionar sobre sus fortalezas y debilidades, sus esperanzas y decepciones, sobre lo que desearía realmente hacer, cultivar y perfeccionar en su nuevo empleo.

La eficacia y el efecto de su currículum dependerán tanto de lo que usted comunica como de la manera en que presente su mensaje.

Nuestro papel es ayudarlo a dar forma y presentar de manera atractiva sus datos para resaltar la originalidad de su *solicitud* (**application**).

Se analizarán diferentes *formatos* (**formats**) y le ayudaremos a elegir entre ellos el que más conviene a su caso particular.

Luego se considerarán los diferentes *títulos* (**headings**) posibles para cada *sección* (**category**) y le aconsejaremos la mejor forma de redactar estas secciones de manera clara y convincente.

Finalmente, algunos consejos:

• Así como usted debe evitar los currículums "comodines", debe *actualizar constantemente su currículum* (**to keep your resume updated**). Como se mencionó, su currículum debe adaptarse a las exigencias de la oferta de empleo. Usted puede —e incluso debe— tener listas algunas variantes en función de la naturaleza exacta del puesto, del tipo de empresa ante la cual presentará su solicitud.

Su currículum también debe evolucionar con usted: no enviará el mismo currículum si simplemente desea cambiar de compañía que si está considerando un cambio de orientación o una reconversión.

• Como se comentó, el currículum sirve para obtener una entrevista. La persona que lo reciba a menudo tendrá su currículum a la vista durante la entrevista. Por lo tanto, nunca incluya en él datos que a usted podrían hacerlo sentir incómodo o de los que le cuesta hablar. (Retomaremos esto cuando se trate el tema "Intereses, actividades diversas".)

• Por regla general, no elabore un currículum demasiado largo: para un recién egresado o alguien con poca experiencia, una página es suficiente.

Incluso si usted tiene mucha experiencia, no se pase de las dos páginas.

• Cuide la presentación para que su currículum sea fácil de leer.
Elija con cuidado el papel que usará (calidad, color).
Evite las faltas de ortografía o de mecanografía. Reléalo.
(*Véase* el recuadro de la p. 8: diferencias inglés británico/americano).

Separe bien cada una de las secciones, destaque los títulos. Sea sobrio, no abuse de los cambios de tipografía si utiliza un procesador de textos, por ejemplo.

Cuide también la impresión (en láser si es posible).

• Salvo pedido expreso, no está obligado(a) a incluir una fotografía con el currículum.

Le recordamos que en Estados Unidos de América la ley prohíbe, en la búsqueda de empleo, toda forma de discriminación basada en consideraciones de edad, sexo o raza. Por lo tanto, no incluya ninguno de estos datos en su currículum.

1.2 ¿Qué estilo adoptar para su currículum? Cómo interpretar las ofertas de empleo

Ya comentamos la importancia de que haya coherencia entre el currículum y el puesto al que se aspira. Una buena manera de lograr esta coherencia es analizar con cuidado el perfil del empleo según está definido. Los anuncios clasificados constituyen una fuente de información, ya que le indican el tipo de empresa que se trata y el tipo de aspirante que busca.

Por lo tanto, es importante saber interpretarlos, decodificarlos con precisión, y también observar el estilo que escogió el anunciante. ¡Pero cuidado!, no olvide que él también busca "enganchar" al mejor aspirante posible. No dudará, con tal de "vender su producto", en exagerar, en utilizar un lenguaje un poco audaz. Por ello, tome su tiempo para analizar los términos empleados, pero tenga cuidado si va a usar los adjetivos o las expresiones que el empleador o *buscador de talentos* (**head-hunter**) ha empleado expresamente en su anuncio. Recurra a los diferentes léxicos que hay en esta obra: le ayudarán a elegir las palabras exactas para resaltar sus habilidades y aptitudes.

El siguiente es un ejemplo de lo que puede encontrar en los anuncios clasificados:

- para describir/vender una empresa:

• **a small bustling business** *una pequeña empresa en desarrollo*

• **As part of the largest and most successful pharmaceutical company in Europe...**
Los laboratorios farmacéuticos de los que formamos parte son los más grandes de Europa y sus negocios son los más importantes.

• **SDA has an outstanding growth record based on exciting and innovative fundamental research.**
El crecimiento excepcional de SDA se debe a las actividades entusiastas e innovadoras en investigación.

- para describir el puesto:

• **Naturally you'll need* superb communication skills along with excellent shorthand and audio/WP skills.**
Naturalmente, exigimos una muy buena capacidad de comunicación y habilidades de alto nivel en taquigrafía, dictáfono y procesador de textos.

• **You must* have exceptional organizational skills and unwavering commitment to meet this exciting challenge.**
Para obtener este puesto usted debe poseer un don excepcional de organización y demostrar una devoción a toda prueba.

• **There will be a large amount of client liaison and therefore a high degree of presentation is needed.**
Este puesto implica muchos contactos con los clientes, y se necesita excelente presentación.

• **Do you have excellent telephone skills matched with an exuberant personality? You could be the person we are looking for to join our specialist team on our three most prestigious titles.**
¿Usted posee talentos excepcionales para hablar por teléfono, así como una personalidad exuberante? Entonces usted podría ser la persona que buscamos para unirse a nuestro equipo de especialistas que maneja nuestros tres títulos más prestigiosos.

---

* Acerca de los matices de **need, must, should**, etc., véase la p. 190, capítulo 4.

Antonio CARVAJAL
Tacuba 14, Col. Centro
México, Distrito Federal
Tel. (55) 52 88 91 33

OBJETIVO: Un puesto de responsabilidad cuya meta sea planear y supervisar actividades a mediano plazo en investigación y desarrollo sobre un tema estratégico, así como contribuir a transferirlo en el plano de las aplicaciones industriales.

EXPERIENCIA PROFESIONAL:

1989-	Director, fundador de DeeA, un grupo de interés económico financiado por sectores tanto públicos como privados (8 hombres/año, 12 empleados, 5.3 millones de pesos). Mis responsabilidades consistieron en:

          • diseñar la estructura e iniciar la puesta en marcha del proyecto de constitución de DeeA,

          • definir los principales sectores de actividad,

          • reunir el equipo necesario para cada uno de los sectores.

          En la actualidad, coordino las actividades de cada equipo.

1987-1989   Ingeniero de investigación en sistemas de distribución de energía en la Comisión Federal de Electricidad. Al respecto:

          • establecí las estrategias generales de los sistemas,

          • elaboré una estrategia técnica para evitar apagones masivos,

          • inicié y supervisé dos tesis en colaboración con el Instituto Politécnico Nacional.

1984-1987   Como estudiante del doctorado:

          • coordiné actividades de investigación en optoelectrónica en cuatro centros de investigación.

Antonio CARVAJAL
Tacuba 14, Col. Centro
México, Distrito Federal
Phone (55) 52 88 91 33

OBJECTIVE: A challenging position planning and monitoring medium-term activities in research and development on a strategic theme and contributing to its transfer to industrial applications.

PROFESSIONAL EXPERIENCE

1989 to present	Founding Director of DeeA: a grouping of economic interest funded by both public and private sectors (8 man-years, 12 employees, FF 5.3 M). • Designed the structure and set up operation guidelines for DeeA. • Defined the main areas of activity. • Built a cohesive and effective team around each area. • Coordinate the activities of each team.
1987-1989	Research engineer in power switching with the Comisión Federal de Electricidad: • Shaped broad strategies. • Defined technical strategy to avoid large-scale blackouts. • Started and supervised two theses in collaboration with the Instituto Politécnico Nacional.
1984-1987	As Ph.D. candidate: • Coordinated research activities in optoelectronics in four research centers.

ESTUDIOS

1987	• Tesis de doctorado en optoelectrónica, Instituto Politécnico Nacional de México, D.F.
1984	• Diplomado en instrumentación.
1982	• Licenciatura en ingeniería, Instituto Politécnico Nacional.
	• Maestría en generación eléctrica, Universidad de California, San Diego, Estados Unidos de América.

ÁREAS DE INVESTIGACIÓN

- mezcla de cuatro ondas, teoría de semiconductores, física de los sólidos;
- detección magnética pasiva;
- optoelectrónica con silicio;
- sistemas de distribución de energía, sensores de corriente ópticos.

PUBLICACIONES

- Marzo de 1986, *Journal of Guided Optics* (Vol. 750, pp. 92-94), "A si integrated waveguiding polarimeter".
- Junio de 1987, *Proceedings of the 5th European Conference on Optics* (pp. 35-36), "Integrated optics and microelectronics: toward an integration on a single silicon chip".
- Febrero de 1989, *Revista de Electricidad* (Vol. 120, pp. 54-58), "Captadores de fibra óptica para moduladores de fase" (en colaboración con López y Carrillo).

ASOCIACIONES PROFESIONALES

- Sociedad Mexicana de Física
- Asociación de Ingenieros

EDUCATION

1987	• Ph.D., Optoelectronics, Instituto Politécnico Nacional in Mexico City.
1984	• D.E.A. (Diploma of Advanced Studies) in instrumention science.
1982	• Engineering degree, Instituto Politécnico Nacional.
	• M.S. in electrical engineering, University of California, San Diego.

FIELDS OF RESEARCH

- 4-wave mixing, semi-conductor theory, solid-stage physics.
- Passive magnetic sensing.
- Silicon-based optoelectronics.
- Static switching, optical current sensors.

PUBLICATIONS

- March 1986, *Journal of Guided Optics* (Vol. 750, pp. 92-94), "A si integrated waveguiding polarimeter".
- June 1987, *Proceedings of the 5th European Conference on Optics* (pp. 35-36). "Integrated optics and microelectronics: toward an integration on a single silicon chip".
- Feb. 1989, *Revista de Electricidad* (Vol. 120, pp. 54-58),"Captadores de fibra óptica para moduladores de fase" (with López and Carrillo).

PROFESSIONAL AFFILIATIONS

- Mexican Society of Physics
- Society of Engineers

Juana Inés LÓPEZ ESCAMILLA
Av. Revolución 1723
México, Distrito Federal
Tel. (55) 56 34 15 67

OBJETIVO: Puesto de responsabilidad en el Departamento de Recursos Humanos de una gran empresa para aplicar y perfeccionar programas de capacitación en comunicación empresarial.

ESTUDIOS

1990-	Diplomado en comunicación empresarial, Facultad de Ciencias Políticas, UNAM, México. Fecha de titulación: junio de 1992.
1985-1987	Estancia de formación pedagógica de dos años, especialización en educación de adultos, Universidad Pedagógica Nacional, México.
1983-1985	Licenciatura en psicología, Universidad Autónoma de Guadalajara, Jalisco, México.

EXPERIENCIA PROFESIONAL

Comunicación empresarial

Enero-marzo 1992	Realicé un estudio piloto para determinar la imagen económica de Guadalajara y la región circundante. Perfeccioné una estrategia de comunicación apropiada para las empresas locales.

Formación

Sept. 1987-sept. 1990	Instructora en el centro de formación continua de Puente Grande, Jalisco. Mi trabajo consistía en:

- participar en la elaboración de nuevos programas,
- coordinar el trabajo personal con las prácticas en empresas,
- contactar a las empresas locales para obtener prácticas apropiadas,
- negociar contratos de trabajo para los estudiantes,
- dar cursos de expresión oral y escrita.

IDIOMAS

Alemán fluido: viví en Alemania entre los 14 y los 16 años.
Excelente dominio del inglés: en junio de 1990 obtuve el Cambridge Proficiency.

20

Juana Inés LÓPEZ ESCAMILLA
Av. Revolución 1723
Mexico City
Phone (55) 56 34 15 67

OBJECTIVE: Challenging position with large corporation in Human Resources department to set up or expand training programs in business communications.

EDUCATION

1990 to present	Two-year technical degree in business communications. Facultad de Ciencias Políticas, UNAM, Mexico. Expected date of graduation: June 1992.
1985-1987	Two-year teacher-training program, specialized in adult education, Universidad Pedagógica Nacional, Mexico.
1983-1985	Degree in psychology, U.A. de G. (Guadalajara, Jalisco, Mexico).

PROFESSIONAL EXPERIENCE

In business communications

Jan.- march 1992	Conducted pilot study to determine the economic image of Guadalajara and surrounding region. Developed appropriate communications strategy for area businesses.

In education

Sept. 1987 to sept. 1990	Educator, Center for continuing education, Puente Grande, Jalisco:

- assisted in the development of new programs
- co-ordinated course work with internships in industry
- prospected local businesses to find appropriate internships
- negotiated work contracts for students
- taught courses in written and oral expression

LANGUAGES

Fluent German. Lived in Germany from the ages of 14 to 16.
Excellent English. Passed Cambridge Proficiency Exam, June 1990.

21

Cristina FELLINI
Corrientes 348
Buenos Aires, Argentina
(00) 76 90 65 66

DESCRIPCIÓN DE CAPACIDADES:

Entusiasta, dotada de una gran iniciativa. Mis veinte años de experiencia como secretaria jurídica en pequeños bufetes de abogados (de 3 a 5 abogados) me permitieron adquirir habilidades muy variadas.

EXPERIENCIA:

Secretarial
- Todas las labores de rutina de una secretaria: utilización del dictáfono, comunicación telefónica con los clientes, preparación de la correspondencia.

Contabilidad
- Llevé los libros de contabilidad y operaciones de contabilidad (pago de empleados, declaraciones bancarias mensuales, facturación, cuentas de gastos).
- Preparación de los expedientes trimestrales para la Seguridad Social: cotizaciones y cuotas de jubilación.

Área jurídica
- Preparación de procedimientos y respuesta a cierta cantidad de preguntas procedimentales en divorcios, desalojos, alquileres y embargos.

ESTUDIOS:

1978-1980   Universidad de Buenos Aires, dos primeros años de Derecho.

1972   Escuela de Comercio de La Plata, seis meses de formación secretarial.

1970-1971   Instituto Anglo, estudios de inglés.

INTERESES:

Viajes y culturas de Asia.
Varios viajes a Pakistán y Afganistán.
Conozco mucho el sur de Europa: España y Portugal.

22

Cristina FELLINI
Corrientes 348
Buenos Aires, Argentina
(00) 76 90 65 66

SUMMARY:

Enthusiastic, with a strong sense of initiative. I have acquired a wide variety of skills during nearly twenty years of experience as a legal secretary in small law firms (3 to 5 lawyers).

EXPERIENCE:

Secretarial
- Carry out routine secretarial functions: dictaphone transcription, telephone relations with clients, preparation of correspondence.

Book-keeping
- Take care of book-keeping and accounting including payroll, monthly bank statements, billing of clients, expense accounts.
- Prepare quarterly reports for Social Security determining health insurance and retirement contributions.

Legal
- Prepare procedures and answer procedural questions in a number of fields including divorce cases, expulsions, rental agreements, seizures.

EDUCATION:

1978-1980
University of Buenos Aires, completed first two years toward degree in law.

1972
La Plata Business School, six-month secretarial course.

1970-1971
Anglo Institute, English language studies.

INTERESTS:

Travel and Asian culture.
Have travelled extensively through Pakistan and Afghanistan.
Also familiar with Southern Europe: Spain and Portugal.

Antonio GÓMEZ ESQUIVEL

Rambla 300   Barcelona, España   tel: (11) 3-33-78-10

OBJETIVO: Puesto de responsabilidad en una casa de remates, galería de arte o empresa que financie programas de fomento a las artes, en las que pueda aprovechar tanto mis estudios en administración de empresas como en historia del arte.

ESTUDIOS

Oct. 1989	Escuela Superior de Negocios, Barcelona. Especialización: dirección de mercadotecnia. Fecha de titulación: junio de 1992.
Junio 1989	Licenciatura en Historia del Arte, Universidad Pompeu Fabra, Barcelona.
Junio 1986	Bachillerato.

EXPERIENCIA PROFESIONAL

Marzo-junio 1992	Proyecto de práctica en la casa de remates Martens, Barcelona. - Investigación de las tendencias del mercado en la Bolsa y en las casas de remate por un periodo de dos años.
Verano 1991	Asistente de proyecto en la compañía Sol, Departamento de Recursos Humanos. - Definición de las metas y el presupuesto para la creación de un programa de fomento a las artes.
Verano 1990	Práctica como estudiante en una gran compañía española de alimentos, Departamento de Mercadotecnia.
Marzo-julio 1988	Práctica como estudiante, Museo de Arte Moderno, Barcelona. - Actualización del catálogo de dibujos.

IDIOMAS

Inglés	Inglés fluido: viví en Gran Bretaña con mis padres entre los 11 y los 13 años.
Italiano	Excelente dominio del italiano: ocho años de estudios, reforzados por varios viajes a Italia.

Antonio GÓMEZ ESQUIVEL

Rambla 300   Barcelona, España   Phone: (11) 3-33-78-10

OBJECTIVE: A challenging position with auction house, gallery or major corporation with arts endowment program that will utilize both my degree in business administration and my studies in art history.

EDUCATION

Oct. 1989	Escuela Superior de Negocios, Barcelona Area of concentration: marketing management Degree expected: June 1992
June 1989	Licence in art history, Universidad Pompeu Fabra, Barcelona
June 1986	Bachillerato (Spanish secondary school diploma)

WORK EXPERIENCE

March-June 1992	Work-study project, Martens Auction House, Barcelona - Conducted a study comparing stock market trends to auction prices over a two-year period.
Summer 1991	Project assistant, Sol Corporation, Department of human resources - Established guidelines and budget for creation of programme to encourage arts.
Summer 1990	Student internship in large Spanish food corporation, marketing department
March-July 1988	Student internship, Museum of Modern Art, Barcelona - Assisted in updating catalogue of drawings.

LANGUAGES

English	Fluent English – Lived with my family in England between the ages of 11 and 13.
Italian	Excellent Italian – Eight years of courses in Italian, supplemented by numerous trips to Italy.

Cuauhtémoc PRIETO JUÁREZ - Melocotón núm. 25
Lomas Verdes - Estado de México - tel: (55) 3 65 55

DESCRIPCIÓN DE CAPACIDADES: Mi gran capacidad para comunicarme, ser líder e inspirar confianza me permitió obtener el rango de capitán en el Ejército Mexicano. Cuando me reintegré a la vida civil, tomé un curso de dos años en administración de empresas y puse mis cualidades al servicio del mundo empresarial.

EXPERIENCIA LABORAL

1988-1992 Director administrativo y financiero de una pequeña empresa (50 empleados) que embotella y vende un licor de lujo.
- Coordiné las diferentes actividades de la compañía, en estrecha colaboración con cada uno de los jefes de departamento: Producción, Compras, Exportación, Contabilidad, Personal y Mantenimiento.
- Supervisé la modernización de la planta, que mejoró la productividad.
- Implanté un sistema de compras más eficiente.
- Apoyé un plan de mercadotecnia más agresivo.
- Las ganancias aumentaron 20% en cuatro años.

1984-1988 Director de tienda para una cadena de artículos deportivos.
- Supervisé las operaciones de apertura de una tienda en el norte de México.
- Gerente de tienda en el Sureste de México.

1977-1982 Oficial en el ejército mexicano.
- Alcancé el grado de capitán del ejército.
- Jefe de operaciones de radar (50 personas a mi mando).

ESTUDIOS

1982-1984 Escuela de Comercio de Monterrey, dos años de administración de empresas.

1975-1977 Escuela de Oficiales del Ejército Mexicano.

1973-1975 Instituto Tecnológico de Monterrey, dos años de ingeniería electrónica.

ACTIVIDADES SOCIALES

- Bombero voluntario en una pequeña comunidad: respondo a las llamadas de emergencia, soy capaz de prestar primeros auxilios, llevo la contabilidad de la asociación de bomberos.
- Miembro de la asociación de padres de alumnos de la preparatoria del barrio.

Cuauhtémoc PRIETO JUÁREZ - Melocotón núm. 25
Lomas Verdes - Estado de México - phone: (55) 3 65 55

SUMMARY: Strong qualities in communications, leadership and reliability, allowed me to rise to rank of captain in the Mexican Army. Upon return to civilian life, I took a two-year course in business management and have continued to apply these same qualities to the business world.

EXPERIENCE

1988-1992 Administrative and financial director of a small company (50 employees) that bottles and commercializes a luxury liqueur.
- Coordinated all aspects of company's activities, working in close collaboration with heads of each department: production, purchasing, export, accounting, personnel, maintenance.
- Supervised modernization of plant, increasing efficiency.
- Set up more efficient purchasing process.
- Initiated more aggressive marketing.
- Increased turnover over a four-year period by 20%.

1984-1988 Store manager for large sporting goods chain.
- Supervised operations for store opening in north of Mexico.
- Manager of store in south-east of Mexico.

1977-1982 Officer in the Mexican Army.
- Reached rank of captain.
- Organized radar operations (staff of 50).

EDUCATION

1982-1984 Escuela de Comercio in Monterrey, two-year program in business management.

1975-1977 Mexican Army, Officer Training School.

1973-1975 Instituto Tecnológico of Monterrey, two-year technical program in electronics.

COMMUNITY ACTIVITIES

- Volunteer fireman for small community: answer emergency calls, capable of giving first aid treatment, do all bookkeeping and accounting for fire fighters' association.
- Member of teacher-parent association for local junior high school.

3. EJEMPLOS DE CURRÍCULUMS

Pedro MARTÍNEZ ROCA

Av. Cuñapirú 2313   tel. pers.: (598) 2-13 45 78
Montevideo, Uruguay   tel. oficina: (598) 2-45 89 23

ENSEÑANZA: Ciencias Económicas y Urbanismo

1988-   Profesor de Urbanismo, Facultad de Arquitectura de la Universidad de la República.

1981-1988   Conferencias de urbanismo, Departamento para la Planeación Regional, Mercosur.

1975-1981   Asistente en Ciencias Económicas, Departamento para la Planeación Regional, Mercosur.

Cursos recientes: teoría del urbanismo, planeación urbana en América del Sur.

DIRECCIÓN:

1990-   Director fundador de un equipo de investigación interdisciplinario especializado en cambios territoriales y políticas en las ciudades, Departamento para la Planeación Regional, Mercosur (10 investigadores, tres administrativos).

1988   Director, Instituto de Urbanismo, Montevideo.
- Organicé dos programas de posgrado en urbanismo.
- Obtuve autorización para otorgar diplomas por esos programas.
- Colaboré en la elaboración de programas de estudios para la licenciatura en "administración de políticas locales".

1986-1988   Coordinador, Instituto de Urbanismo, Montevideo.

TEMAS DE INVESTIGACIÓN:
- Economía local y regional
- Urbanismo
- Mercosur: descentralización en la región
- Planeación urbana en Brasil
- Propiedad industrial en Uruguay
- Cambios territoriales y política urbana

Pedro MARTÍNEZ ROCA

Av. Cuñapirú 2313   home: (598) 2-13 45 78
Montevideo, Uruguay   office: (598) 2-45 89 23

TEACHING: Economics and urban planning

1988 to present	Professor of urban planning, Facultad de Arquitectura de la Universidad de la República.
1981-1988	Conferences in urban planning, Departamento para la Planeación Regional, Mercosur.
1975-1981	Assistant in economics, Departamento para la Planeación Regional, Mercosur.

Recent courses in: theories in urbanism, urban planning in South-America.

DIRECTION:

1990 to present	Founding director of interdisciplinary research unit in territorial changes and urban policies, Departamento para la Planeación Regional, Mercosur. Research staff of 10, administrative staff of 3.
1988 to present	Director, Instituto de Urbanismo, Montevideo.

• Initiated two graduate programs in urbanism.
• Obtained accreditation to award degrees in both programs.
• Collaborated in the development of undergraduate studies in local policy management.

1986-1988	Co-ordinator, Instituto de Urbanismo, Montevideo.

RESEARCH THEMES:

• Regional and local economies
• Urban planning
• Mercosur decentralisation on the regional level
• Urban planning in Brazil
• Industrial property in Uruguay
• Territorial changes and urban policies

ACTIVIDADES RELACIONADAS:

- Miembro del consejo de administración de varios institutos.
- Miembro del Comité Ejecutivo de la Asociación de Urbanistas de Sudamérica (1987-1991).
- Miembro Electo del Consejo Nacional de Universidades (1986-1991).
- Coordinador de la red de intercambio de estudiantes y profesores.
- Profesor visitante (dos a cuatro semanas) en Brasil y Argentina.

TÍTULOS:

1970-1974	Licenciatura en Ciencias Económicas, Universidad de la República.
1980	Doctorado en Ciencias Económicas, Universidad de la República.

PUBLICACIONES RECIENTES:

- "La planificación espacial en Brasil", en *Estudios Urbanos*, núm. 345, mayo de 1991, pp. 24-28.
- "La reforma de la planificación espacial en Brasil", en *Estudios Urbanos*, núm. 347, julio de 1991, pp. 12-18.
- "The industrial property market in Uruguay", en Smith, G., Jones, W. (editores). *The Global Industrial Property Market*. Londres, Greene Ltd., agosto de 1992, p. 30.

RELATED ACTIVITIES:

- Member of boards of administration for various institutes.
- Member of executive committee, South-American Association of Urbanists (1987-91).
- Elected member of National Committee on Universities (1986-91).
- Coordinator of network for the exchange of teachers and students.
- Visiting professor for two to four week periods in Brazil and Argentina.

EDUCATION:

1970-1974   University degrees in economics, Universidad de la República.

1980   PhD in economics, Universidad de la República.

RECENT PUBLICATIONS:

- "La planificación espacial en Brasil", in *Estudios Urbanos*, n. 345, May 1991, pp. 24-28.
- "La reforma de la planificación espacial en Brasil", in *Estudios Urbanos*, n. 347, July 1991, pp. 12-18.
- "The industrial property market in Uruguay", in Smith, G., Jones, W. (editors*). *The Global Industrial Property Market*. London: Greene Ltd., August 1992, p. 30.

---

* La palabra **editor** designa al jefe de redactores o responsable de una publicación colectiva. Quien publica el libro es el **publisher**.

MARIBEL SEPÚLVEDA
Andes 32, Bogotá, Colombia
teléfono: (22) 44 34 44 23

Estudios realizados
- Diploma de osteopatía, Bogotá, Colombia, 1987.
  Tesis: El uso de la osteopatía en el tratamiento de vértigo y acúfeno.
- Certificado en osteopatía, Escuela de Osteopatía, Bogotá, obtenido frente a un jurado internacional, 1986.
- Licenciatura en Terapia física, Escuela Nacional de Kinesiología, Bogotá, Colombia, 1977.
  Programa de dos años: clases y prácticas en un hospital.

Formación complementaria
- Pasantía en la John Upledger School, Palm Beach, Florida, 1988-1989, "liberación somato-emocional".
- Práctica postitulación con osteópatas calificados, 1987-1988.

Experiencia profesional
- En terapia física
  métodos clásicos de terapia, masajes
- práctica privada
- Clínica Bolívar, Bogotá

- En osteopatía
  exámenes, diagnósticos, técnica suave
  especialización en tratamiento osteopático para traumas emocionales y físicos
- práctica privada

MARIBEL SEPÚLVEDA
Andes 32, Bogotá, Colombia
phone: (22) 44 34 44 23

Education
- Diploma de osteopatía, Bogotá, Colombia, 1987.
  Thesis: The use of osteopathy in the treatment of vertigo and acouphonia.
- Certificate in osteopathy, Escuela de Osteopatía, Bogotá, obtained before international jury, 1986.
- Degree in Physical Therapy, Escuela Nacional de Kinesiología, Bogotá, Colombia, 1977.
- Two-year program: classes plus clerkships in hospital.

Additional education
- Training sessions at John Upledger School, Palm Beach, Florida, 1988-1989, somato-emotional liberation.
- Postgraduate training with qualified osteopaths, 1987-1988.

Professional experience
- In physical therapy
  classical methods of therapy, massages
- private practice
  Bolivar Clinic, Bogotá

- In osteopathy
  examinations, diagnosis, nonaggressive approach
  specialized in osteopathic treatment of physical and emotional trauma
- private practice

Marcos MOLINA PATRÓN
Petroleros 27
Maracaibo, Venezuela

EXPERIENCIA PROFESIONAL

1987-   Director del departamento de Finanzas y contador en una universidad importante
- supervisión de un equipo de 16 personas trabajando en estrecha colaboración con los departamentos de contabilidad de cada facultad (20 empleados más)
- mis obligaciones incluyen: preparar y aplicar el presupuesto, administrar las cuentas financieras y los contratos de investigación, supervisar las remuneraciones del personal contratado y del free-lance
- control de las inversiones y negociación de los términos directamente en los bancos

El consejo administrativo de la universidad me otorgó una responsabilidad excepcional para la administración financiera y gozo de plenos poderes para las inversiones financieras.

1973-   Jefe de la Oficina Recaudadora de Impuestos del
1987   sector con 20,000 habitantes, en seis pueblos
- responsable de un equipo que creció de tres a nueve personas durante mi administración
- dirigí la recolección de impuestos
- inspeccioné las finanzas de los establecimientos públicos locales

En Venezuela, este puesto implica trabajo duro y un alto grado de responsabilidad. El director es responsable directamente de la correcta administración de los fondos públicos.

1972-   Asistente del director, Oficina Recaudadora de Im-
1973   puestos.

34

Marcos MOLINA PATRÓN
Petroleros 27
Maracaibo, Venezuela

PROFESSIONAL EXPERIENCE

1987 to present	Director of financial department and head accountant at a leading university

- supervise immediate staff of 16 working in close collaboration with accounting divisions of each college (20 additional staff members)
- duties include: preparing and executing budget, managing financial accounts and research contracts, supervising payroll for contractual and temporary personnel
- oversee financial investments and negotiate terms directly with banking establishments

I have been given exceptional responsibilities for the management of the treasury and entrusted with decision-making powers for financial investments by the university board of administration.

1973-1987	Head of tax collection office sector representing 20,000 inhabitants, 6 towns

- supervised staff which grew from 3 to 9 during my tenure
- directed tax collection activities
- inspected finances of local public establishments

In Venezuela, this is a position involving a heavy work load and a high degree of responsibility. The director is personally responsible for the correct management of public finances.

1972-1973	Assistant to director, tax collection office

ACTIVIDADES COMPLEMENTARIAS

- imparto cursos de finanzas y contabilidad para preparar los exámenes de los aspirantes al servicio civil (burocracia)
- presido los jurados de admisión en los exámenes de servicio civil (burocracia)
- secretario de la Asociación de Contadores Universitarios. Trabajo en colaboración con el Ministro de Educación

ACTIVIDADES PARA LA COMUNIDAD

- Presidente del club local de fútbol (300 miembros)
- Presidente de una casa para jóvenes que proporciona diferentes actividades (deportivas, culturales, recreativas)

Gracias a mis actividades profesionales y sociales, he logrado perfeccionar mis habilidades de comunicación.
- *organización y conducción de reuniones para informar, coordinar o capacitar*
- *redacción de informes claros y precisos*

ESTUDIOS REALIZADOS

- Título: Inspector del Departamento del Tesoro Escuela Nacional del Departamento del Tesoro Cursos prácticos y teóricos de leyes, economía, contabilidad, procedimientos administrativos
- Gané la admisión al cuerpo de administradores universitarios mediante un concurso nacional
- Licenciado en derecho público

RELATED ACTIVITIES

- teach courses in finance and accounting for candidates for civil service exams leading to careers in administration
- chair admissions committees for civil service exams
- secretary of the Association of University Accountants. Work in collaboration with the Ministry of Education

COMMUNITY ACTIVITIES

- President of local football club (300 members)
- President of community association to provide youth activities (sports, cultural events, leisure activities)

Through my professional and community activities, I have developed a number of communication skills.
- *the organization and chairing of meetings for purposes of informing, coordinating, or training*
- *the writing of clear and concise reports*

EDUCATION

- Certificate: Inspector for the Department of the Treasury
  National School of the Department of the Treasury
  Theoretical and practical courses in law, economics, accounting, administrative procedures
- Admitted to corps of university administrators through nationwide competitive examination
- "Licence" in public law

Leonardo MARTÍNEZ BERRECUOS

Av. Sucre 233   Casa: 65 88 09 09
Lima, Perú   Oficina: 65 54 45 16

ÁREAS CLAVE

- fuertes habilidades de mercadotecnia combinadas con áreas científicas: telecomunicaciones, métodos MERISE y SADT, procesos de control
- sólidas habilidades para la comunicación: capaz de escribir de manera clara y concisa informes técnicos, dirigir reuniones, negociar y facilidad para hacer excelentes presentaciones orales

ÁREAS DE EXPERIENCIA

Control de calidad
- aplicación de sistemas de control de calidad para satisfacer a los clientes y cumplir con las normas internacionales
- puesta en práctica de procedimientos de control en varios niveles: inspecciones, revistas, auditorías
- talleres de ingeniería para software
- certificación ISO

Computación
- líder de proyecto
- definición de especificaciones de software
- establecimiento de planes maestros para compañías
- capacitación de usuarios en hardware y software

Mercadotecnia
- elaboración de documentos técnicos y manuales
- supervisión de la homogeneización de documentos técnicos y promocionales
- lanzamiento de nuevos productos en colaboración con compañías de mercadotecnia peruanas y extranjeras
- promoción de productos específicos
- estudios de mercado (correo directo e indirecto)

Leonardo MARTÍNEZ BERRECUOS

Av. Sucre 233   Home: 65 88 09 09
Lima, Perú   Office: 65 54 45 16

KEY QUALIFICATIONS

- association of marketing skills with scientific fields of expertise: telecommunications, MERISE and SADT methods, process control
- strong communication skills: able to write clear, concise technical reports, to chair efficient meetings, to negotiate and to make excellent oral presentations

FIELDS OF EXPERIENCE

Quality control
- implement quality control systems to meet customer and international standards
- carry out control procedures at various levels: inspections, reviews, audits
- software engineering workshops
- ISO certification

Computer services
- project leader
- definition of software specifications
- establishment of master plans for companies
- user training for hardware and software

Marketing
- produce technical documents, handbooks
- oversee homogenization of technical and promotional documents
- launch new products in collaboration with both Peruvian and foreign marketing firms
- carry out targeted product promotion
- prospection (direct and indirect mailing)

EMPLEOS

1991	Qualidatas (empresa de asesores en informática industrial) jefe de división
1989-1991	CDLI (empresa de asesores industriales) a cargo del control de calidad
1979-1989	SAPRO (empresa de servicios de computadora), ingeniero
1974-1979	Bale (empresa de servicios de computadora), ingeniero
1971-1974	Info Equipment, ingeniero de ventas

ESTUDIOS REALIZADOS

- Diplomado en aptitud para la administración de empresas (dos años de estudios), Escuela Superior de Negocios, Universidad de San Marcos, Lima
- Diplomado de estudios superiores (un año en ciencias de la computación), Escuela Superior de Informática y Matemáticas Aplicadas, Lima
- Licenciatura en ingeniería informática, Escuela Industrial, Lima

IDIOMAS

- Excelente inglés
- Italiano hablado
- Francés comercial

ACTIVIDADES E INTERESES

- Cursos de educación continua: enseño redes, métodos y computación
- Miembro de un club de inversión
- Vicepresidente de APA (Asociación Peruana de Alpinismo), coordino y superviso diversas actividades
- Instructor de esquí y alpinismo

WORK HISTORY

1991 to present	Qualidatas (consulting firm for process control) division head
1989-1991	CDLI (industrial consulting firm) in charge of quality control
1979-1989	SAPRO (computer services company), engineer
1974-1979	Bale (computer services company), engineer
1971-1974	Info Equipment, sales engineer

EDUCATION

- Diplomado en aptitud para la administración de empresas (certificate awarded after two-year program), Escuela Superior de Negocios, Universidad de San Marcos, Lima
- Diplomado de estudios superiores (one-year graduate degree in computer science), Escuela Superior de Informática y Matemáticas Aplicadas, Lima
- Licenciatura en ingeniería informática, Escuela Industrial, Lima

LANGUAGES

- Excellent English
- Conversational Italian
- Working knowledge of French

ACTIVITIES AND INTERESTS

- Teach classes on networks, methods and computer science in continuing education
- Member of an investment club
- Vice-president of PAA (Peruvian Association of Alpinism), coordinate and supervise various activities
- Skiing and mountain climbing instructor

María VILLEGAS ELÍAS
Avenida Juárez 34   Monterrey, Nuevo León
teléfono: (55) 3 24 56

> Asesora, tanto en México como en otros países para la creación
> y el desarrollo de nuevos centros de producción para radio y te-
> levisión, y para la ampliación y modernización de las instalacio-
> nes existentes.

RESUMEN DE CAPACIDADES

Extensa carrera en televisión y radio. Conozco a fondo la mayor
parte de las actividades relacionadas con estas áreas, desde el diseño de centros de producción hasta la producción en sí. Como
directora de la Escuela de Radiodifusión conozco perfectamente
las diferentes profesiones relacionadas con esta área.

EXPERIENCIA PROFESIONAL

Asesora para el diseño y la creación de centros de producción para
radio y televisión
  • Llevé a cabo un estudio para la creación de un centro re-
    gional de televisión en Costa Rica y Panamá.
  • Realicé un análisis de viabilidad para la creación de un
    centro de capacitación en audiovisuales para la televisión
    colombiana.

Directora de proyectos en Televisa (Compañía de TV mexicana)
  • Supervisé la transformación de una sala de conciertos en
    un complejo audiovisual para la producción de programas
    de televisión en vivo.
  • Fundé un centro de producción para la preparación y fil-
    mación de todo tipo de audiovisuales: series, shows, juegos
    en vivo, películas para cine.

Productora de audiovisuales pedagógicos para enseñanza superior
  • Conjunto de prototipos en inglés, geografía, ciencias so-
    ciales, computación.
  • Creación de clips informativos para los nuevos estudiantes.

Directora de la Escuela de Radiodifusión (Televisa, la empresa más
importante de radio y televisión en México).

María VILLEGAS ELÍAS
Avenue Juárez 34   Monterrey, Nuevo León
phone: (55) 3 24 56

Consultant both in Mexico and abroad for the creation of broadcasting and film production facilities or the expansion and modernization of existing facilities.

SUMMARY OF QUALIFICATIONS

Vast career in television and radio broadcasting. Familiar with most areas of the broadcasting industry, from production center design to actual production. Have developed solid understanding of the many professions involved through activities as director of School of Broadcasting.

PROFESSIONAL EXPERIENCE

Consultant for the design and creation of production centers for television and radio
- Carried out study for the creation of regional TV production centers in Costa Rica and Panama.
- Completed a feasibility study for the creation of a comprehensive audio-visual training school for Colombian Television.

Project Director with Televisa (Mexican TV production company)
- Supervised the transformation of a concert/theater hall into an audio-visual complex for the production of live-audience shows for TV.
- Created a production center for the preparation and filming of a variety of audio-visual projects: series, variety shows, live-audience game shows, movies for distribution in theaters.

Producer of audio-visual teaching materials for higher education
- Created prototype productions in English, geography, social sciences, computer science.
- Created informative clips for future students.

Director of School of Broadcasting (Televisa, major Mexican radio and television corporation).

- Fundé un centro de capacitación para las diferentes áreas de la radiodifusión.
- Definí cuatro canales: administración, periodismo, producción y técnica.
- Analicé perfiles profesionales:
- administración de la producción
- periodismo: lectores de noticias, comentaristas, editores, camarógrafos
- soporte técnico: ingenieros técnicos, técnicos, especialistas en transmisión en alta y baja frecuencia, video
- producción: operadores de cámaras, ingenieros de sonido, ingenieros de luz
- Elaboré muchos seminarios y sesiones de capacitación de programas de educación continua a fin de actualizar en nuevas técnicas.

Gerente financiero a cargo de los contratos con los proveedores más importantes (electricidad, teléfono, transmisores de microondas)
- Optimización de los costos de la energía de alta tensión, de los canales de transmisión.
- Modernización de los centros de producción y de grabado.
- Perfeccionamiento de un nuevo tipo de transmisiones.
- Transformación de los monitores de control.
- Perfeccionamiento de una nueva generación de videograbadoras.

Ingeniera de sonido con Televisa (la empresa más importante de radio y televisión en México)
- Especialista en baja frecuencia.
- Experiencia en técnicas de retransmisión (música clásica, popular, teatro, festivales).
- Perfeccioné varios modelos de micrófonos con condensadores.
- Saqué al aire un canal de radio de FM.
- Adapté y perfeccioné nuevos tipos de programas de radio: de alta tecnología, artísticos e interactivos con el público.

ESTUDIOS REALIZADOS

Título de ingeniería eléctrica y electrónica
- Tecnológico de Monterrey
- Posgrado del Tecnológico de Monterrey

- Created a center for studies in the main fields of broadcasting.
- Defined four channels: administration, journalism, production and technique.
- Analyzed professional profiles:
- production management
- journalism: news announcers, commentators, editors, camera operators
- technical support: technical engineers, technicians, specialist in low and high frequency transmission, video
- production: camera operators, sound engineers, lighting engineers
- Developed numerous seminars and training sessions for continuing education to keep abreast of new techniques.

Financial manager in charge of contracts with major suppliers (electricity, telephone, microwave transmitters)
- Optimization of high-tension energy costs, transmission channels.
- Modernization of production and recording centers.
- Implementation of a new type of transmitters.
- Transformation of control monitors.
- Development of a new generation of video recorders.

Sound Engineer with Televisa (Mexican radio and television major corporation)
- Specialized in low frequency.
- Experienced a variety of retransmission techniques (classical and pop music, theater, festivals).
- Developed numerous models of condenser microphones.
- Set up a new FM radio channel.
- Adapted and developed new types of radio programs: high technical and artistic criteria, interactive programs with audience contact.

EDUCATION

Engineering degrees in electricity and electronics
- Tecnológico de Monterrey
- Posgrado del Tecnológico de Monterrey

A) Elección del formato

Existen tres tipos o *formatos* (**formats**) de currículum. Cada uno tiene sus ventajas y usted lo escogerá en función de su *perfil* (**profile**) personal.

La presentación cronológica

Los diversos *empleos que haya tenido* (**employment history**) o las *etapas de su formación* (**education history**) se presentan en orden cronológico.

Por lo general se prefiere el *orden inverso* (**reverse chronological order**), es decir, que usted comenzará por el último empleo que haya tenido o el último lugar en el que haya estado y "se remontará luego en el tiempo", porque es la experiencia más reciente la que interesa más a los empleadores.

Ventajas:

Este formato es muy fácil de leer e interpretar porque permite:

- resaltar el nombre de los empleadores, así como las fechas en las que se ocuparon los empleos;
- destacar un trayecto profesional típico, mostrar la experiencia adquirida.

Por ello, es ideal para el aspirante que busca un nuevo empleo, pero desea quedarse en la misma *área de actividad* (**field of activity**), en especial si sus empleadores han sido hasta ahora empresas con buena reputación en el área en cuestión.

También es el más tradicional y conviene usarlo cuando la solicitud se dirige a los sectores en los que la tradición es muy fuerte, como la banca o el área legal.

La presentación "funcional"

Usted presentará la experiencia acumulada en los muchos empleos que haya tenido (o la formación completa que haya recibido) no de manera cronológica, sino por temas o áreas de responsabilidad (o de estudio, de investigación, o ambas).

Por ejemplo, veamos a un *oficinista* (**office worker**) que desea trabajar en *ventas* (**sales**): podrá presentar su experiencia laboral separando las dos áreas, la del *trabajo de oficina* (**office work**) y la de ventas.

Un *ingeniero* (**engineer**) que *ascendió a responsabilidades de dirección* (**to move into a management position**) tal vez escoja presentar de manera independiente sus *actividades de dirección* (**managerial tasks**) de sus *actividades de investigación* (**research activities**). Asimismo, es posible mostrar las actividades de investigación separándolas de las *aplicaciones prácticas* (**applications**) que tuvieron.

Ventajas:

Este tipo de presentación *resalta* (**to focus on**) las áreas de *aptitudes del aspirante* (**areas of expertise**), los resultados que obtuvo, las responsabilidades que asumió. También permite *destacar* (**to emphasize**) las *habilidades* (**skills**) personales del aspirante adquiridas gracias a una variedad de empleos.

El tipo "funcional" permite además disimular algunos "huecos" en su carrera de los cuales usted no quiere hablar, como un periodo de *desempleo* (**unemployment**) de seis meses. También le conviene a alguien que haya dejado de trabajar durante un tiempo o escogió dedicarse a algún *trabajo voluntario* (**volunteer work**). Le permitirá resaltar cualidades personales y habilidades adquiridas fuera del ejercicio de un empleo tradicional remunerado.

La presentación "mixta"

De la misma manera que el formato funcional, el tipo de presentación "mixta" pone más énfasis en las aptitudes y capacidades del aspirante y los resultados obtenidos que en las empresas donde ha trabajado o en los empleos que ha tenido.

Ejemplo 1: ejemplo de formato cronológico

Patricio MEDEROS LÓPEZ
Moneda 37, Santiago de Chile
39 77 54 46

ESTUDIOS REALIZADOS

19..-19..	universidad o escuela, área de especialización, otra información
19..-19..	universidad o escuela, área de especialización, otra información

PASANTÍAS O PRÁCTICAS*

(mes) 19.. a	nombre de la empresa, descripción y, si es ne-
(mes) 19..	cesario, trabajo efectuado
(mes) 19.. a	nombre de la empresa, descripción y, si es ne-
(mes) 19..	cesario, trabajo efectuado

OTRA(S) EXPERIENCIA(S) PROFESIONAL(ES)

(mes) 19.. a	nombre de la empresa y puesto
(mes) 19..	
(mes) 19.. a	nombre de la empresa y puesto
(mes) 19..	

ACTIVIDADES EXTRACURRICULARES
tipo de actividad, descripción, otros datos
tipo de actividad, descripción, otros datos

---

* Las fechas: se mencionan solamente los años (1986-1990) o se indica el mes y el año (junio 1986-octubre 1990). Para el último empleo, en español se deja en blanco (1990-   ) y en inglés se escribe "1990 to present". Como las prácticas o pasantías duran por lo general algunos meses, mencione el periodo exacto (mes + año).

Example 1: example of a chronological format

Patricio MEDEROS LÓPEZ
Moneda 37, Santiago de Chile
39 77 54 46

EDUCATION
19..-19..   name of university, major field of study other
                 information
19..-19..   name of university, major field of study other
                 information

INTERNSHIPS
(month) 19.. to name of company, description of company
(month) 19..   if necessary, tasks
(month) 19.. to name of company, description of company
(month) 19..   if necessary, tasks

OTHER WORK EXPERIENCE
(month) 19.. to name of company, job title
(month) 19..
(month) 19.. to name of company, job title
(month) 19..

EXTRACURRICULAR ACTIVITIES*
activity, description, other information
activity, description, other information

---

* Extracurricular activities refer to student activities that are not part of
   the courses the students are doing (i.e. sports, hobbies, student association, etc.). Also spelled in two words: "extra-curricular"; < curriculum: all the different courses of study taught in a school or university.

Ejemplo 2: el siguiente es un ejemplo de formato funcional

Ana Laura VÁZQUEZ
Callao 3525, Buenos Aires
45 67 23

DESCRIPCIÓN DE CAPACIDADES

Un párrafo corto que indique la cantidad de años de experiencia y las áreas en las cuales la aspirante perfeccionó sus habilidades u obtuvo buenos logros.

EXPERIENCIA PROFESIONAL

Área   descripción de las actividades, los resultados, el nombre de la compañía y el puesto

Área   descripción de las actividades, los resultados, el nombre de la compañía y el puesto

Área   descripción de las actividades, los resultados, el nombre de la compañía y el puesto

Área   descripción de las actividades, los resultados, el nombre de la compañía y el puesto

PUBLICACIONES

Hacer una lista exhaustiva de las publicaciones importantes o dar una cifra aproximada de las publicaciones en determinada área.

TÍTULOS

Títulos, diplomas, especialidad, universidad o escuela, fecha

IDIOMAS

Idioma, dominio del idioma

Example 2: the following is an example of a functional format

---

Ana Laura VÁZQUEZ
Callao 3525, Buenos Aires
45 67 23

SUMMARY OF QUALIFICATIONS

A brief summary giving the total number of years of experience and mentioning fields in which the applicant has acquired skills or made accomplishments.

PROFESSIONAL ACHIEVEMENTS

Field   description of accomplishments
      name of company or position where experience was acquired
Field   description of accomplishments
      name of company or position where...
Field   description of accomplishments
      name of company or position where...
Field   description of accomplishments
      name of company or position where...

PUBLICATIONS

List of important publications or estimate of number of publications in a particular field.

EDUCATION

Degree(s) obtained, major field, university or school, date

FOREIGN LANGUAGES

Language, level of proficiency

Ejemplo 3: un currículum mixto puede ser como el siguiente:

Conrado MITRE ALCÁNTARA
Av. Roa Bastos 56, Asunción, Paraguay
45 78 67

OBJETIVO   una descripción corta de sus objetivos de carrera
o trabajo

EXPERIENCIA PROFESIONAL
- descripción de las tareas realizadas con la ayuda de un verbo
de acción
- "   "   "   "
- "   "   "   "
- "   "   "   "

HABILIDADES
- resalte un área de habilidades en particular
- la habilidad puede consistir en saber manejar una computadora o alguna otra habilidad técnica

EMPLEOS ANTERIORES
19..-19..   puesto, nombre de la empresa
19..-19..   "   "   "
19..-19..   "   "   "

ESTUDIOS
año   título obtenido, especialidad, universidad/escuela
año   "   "   "

OTRAS ACTIVIDADES E INTERESES
- descripción de la actividad
- "   "   "

Example 3: the combined format might look like this

Conrado MITRE ALCÁNTARA
Av. Roa Bastos 56, Asunción, Paraguay
45 78 67

OBJECTIVE   a short statement describing career or job objectives

ACHIEVEMENTS
* description of achievement. An active verb is good here
*   "   "   "   "
*   "   "   "   "
*   "   "   "   "

SKILLS
* this is a good way to highlight a particular skill
* the skill could be computer literacy
* the skill could be something else

WORK HISTORY
year to year   position, name of company
year to year   "   "   "
year to year   "   "   "

EDUCATION
year   degree obtained, major field of study, name of institution
year   "   "   "   "

ACTIVITIES AND INTERESTS
* description of activity
*   "   "   "

B) Elección de secciones, títulos y subtítulos

Como habrá observado, en los modelos cada sección tiene un *título* (**heading**), por ejemplo: **Work Experience**, **Education**. Esta disposición da al currículum una estructura clara y el lector encontrará fácilmente los datos que busca. La elección de estos encabezados o títulos depende del tipo de formato que usted haya decidido adoptar. Hay muchas variantes para cada sección. Por lo general son equivalentes, pero existen ciertos matices. Lea con atención las notas que acompañan a algunas de ellas en la lista siguiente.

WORK	**EXPERIENCIA PROFESIONAL**
Work experience	
Work history	
Employment	
Employment history	
Experience	
Professional experience	por lo general reservado a las profesiones universitarias (médicos, abogados, juristas, arquitectos, etc.)
Career history	se sobreentiende una carrera larga. ¡Evítela si acaba de recibirse!
Related activities	actividades profesionales (asesor, experto, profesor voluntario, etc.) aparte del empleo principal
Internship (US) Practical training	esta sección se utiliza cuando la práctica forma parte del curso
Summer jobs	para los estudiantes y recién graduados en la sección "**Employment history**", si estos empleos sirvieron para financiar los estudios más que para adquirir experiencia en un área precisa
Skills	para emplear en el formato "funcional"; permite resaltar las habilidades adquiridas relacionadas con el puesto que se solicita
Achievements Accomplishments	estas dos palabras son equivalentes y pueden traducirse como logros o resultados

EDUCATION	FORMACIÓN/ESTUDIOS
Education	es el más utilizado comúnmente
Education and training	cuando el tipo de profesión que se ejerce implica que se recibió una formación práctica (programador en informática, enfermero, técnico de laboratorio, secretaria, etc.)
Additional training	formación complementaria (seminarios especializados, prácticas de formación)

INTERESTS, ACTIVITIES	INTERESES, OTRAS ACTIVIDADES
Interests	como la palabra lo indica, "**activities**"
Activities	implica que usted tomó parte activa en un proyecto, por ejemplo. Se pueden combinar los dos vocablos "**interests and activities**"
Extracurricular activities	para un currículum de estudiante; literalmente "fuera del curso escolar"; usted mostrará que tomó responsabilidades y desempeñó un papel dentro de la escuela o universidad
Special talents	para mencionar los talentos particulares que usted desea resaltar

OTHER POSSIBLE HEADINGS	OTROS ENCABEZADOS POSIBLES
Affiliations memberships	sociedades o asociaciones
Community activities	actividades sociales (barrio, municipio)

* El título "**hobbies**" (pasatiempos) no debe aparecer en ningún currículum (connotaciones negativas: implica cierta pasividad o carácter infantil).

Publications	
Honor/Awards	premios, distinciones
Foreing languages	idiomas
Technical skills	habilidades técnicas
Computer literacy	conocimientos amplios de computación (lenguas, sistemas, etc.)

CAPÍTULO 2

CÓMO REDACTAR SU CURRÍCULUM

2.1 Objetivo

2.2 Descripción

Léxico complementario

2.3 Experiencia profesional

Léxico complementario

2.4 Educación continua y formación complementaria

2.5 Idiomas

2.6 Intereses - Actividades diversas

2.7 Otras secciones: Comunicación escrita y oral - Habilidades técnicas - Publicaciones - Asociaciones - Premios y distinciones- Referencias

2.8 Ejemplos de currículums comentados

Función

Esta sección permite que el empleador descubra las *metas* (**goals**) y los *objetivos* (**objectives**) que usted persigue, así como sus *expectativas* (**expectations**) en cuanto al trabajo y al puesto que busca. El objetivo, una vez definido, da coherencia a su currículum y, al mismo tiempo, condiciona la elección de los datos que seguirán (*cf.* secciones "**Qualifications**" y "**Work experience**").

Consejos

Esta sección no aparece de manera sistemática en el currículum. Si usted responde a una oferta de empleo específica, que exige un perfil preciso, entonces deberá presentar sus objetivos en función de las exigencias que aparecen en el anuncio.

Por el contrario, no incluya esta sección en su currículum si sus objetivos y exigencias no están definidos con precisión o si su deseo de ser contratado por alguna empresa le permite hacer concesiones.

Tome el tiempo necesario para reflexionar en cuanto a lo que sería para usted el "puesto ideal", a lo que en verdad desea hacer, qué *habilidad* (**skill**) en particular quiere perfeccionar y enriquecer. En primer lugar trate de responder con claridad y por escrito a estas preguntas (*cf.* los consejos de la página 12). De esta manera, usted se dará cuenta de la precisión de su pensamiento y de su determinación.

Redacte esta sección con más o menos énfasis, según la imagen que desee proyectar de usted mismo o según el conocimiento que tenga de la empresa: su tamaño, su desarrollo, su dinamismo, etc. (*Cf.* "Principios de redacción"/el papel del adjetivo, p. 15.)

Principios de redacción

Jamás olvide (nosotros se lo recordaremos) que USTED está redactando su currículum, ¡que usted está escribiendo! Por ello, gran parte de los datos que a la larga pueden constituir repeticiones inútiles, molestas y que, además, son evidentes (¡el currículum es sobre USTED!), están sobreentendidas. La mayor parte del tiempo, usted no redactará frases completas.

A) En esta sección, usted expresará sus *deseos* (**wishes**), *metas* (**goal, aim, objective**).

Ejemplo 1:   **Objective:** To use public relations experience in managing advertising or promotional campaigns.

Cuando usted escriba:
- **to use public relations experience in managing advertising or promotional campaigns**
  utilizar mi experiencia en relaciones públicas para organizar campañas publicitarias o de promoción

están sobreentendidas expresiones como:
- **(My objective is) to use public relations experience...**
  (*Mi objetivo es*)...
- **(My aim is) to...** (*Mi meta es*)...

Ejemplo 2:   **Objective:** <u>Position</u> with a book publisher assisting in product development and international marketing.

u   **Objective:** <u>A position</u> as sales representative for a tools manufacturer.

Al escribir:
- **position with a book publisher**
  un puesto en una casa editorial

o   - **a position as sales representative for a tools manufacturer**
  un puesto de vendedor con un fabricante de herramientas

se sobreentienden verbos como:
- **(I'm looking for a) position with a book publisher.**
  Busco..., me interesa...

o   - **(I'm looking for) a position as sales representative...**
- **(I'm seeking)**   *Estoy buscando...*
- **(I would like)**   *Me gustaría...*

B) Describa el *puesto* (**position**) deseado, completando la palabra **position** con uno o más vocablos para precisarla:

a) **position in* (sales, accounting, marketing)**
puesto en el área de (ventas, contabilidad, mercadotecnia)

b) **position with** (a firm, a company, a manufacturer a book publisher, etc.)**
puesto en (una empresa, una compañía, una fábrica, una editorial, etc.)

En estos dos casos, es decir, si utiliza **position in/with**, los vocablos **position** y/o **company** pueden precisarse con un adjetivo o frase adjetiva:

- **position:**
- **entry** o **entry level** *de principiante/principio de carrera*

Ejemplo: **entry level position in customer services with a major international company**
puesto de principiante en servicios al cliente en una compañía internacional importante

- **responsible**   *de responsabilidad*

Ejemplo: **a responsible position with a company marketing medical products**
un puesto de responsabilidad en una empresa distribuidora de material médico

- **challenging**   *que implica esfuerzo, retos*

Ejemplo: **a challenging position in a large marketing company**
un puesto que implique retos en una compañía de mercadotecnia importante

- **rewarding**   *que proporciona satisfacción, gratificante*

Ejemplo: **a rewarding position in an advertising agency**
un empleo gratificante en una agencia de publicidad

- **company:**
según su tamaño o dinamismo:

- **large**   *grande, importante*
- **major**   *grande, importante*

---

* Seguida de la información relativa al <u>área</u> en la cual se ejercerá la actividad.

** Seguida de la información relativa al <u>lugar</u> donde se ejercerá la actividad.

60

- **middle-sized**	*de tamaño mediano*
- **fast growing**	*dinámica, en expansión*
- **international**	*internacional*

según su naturaleza o tipo:

- **public**	*pública*
- **government**	*gubernamental*
- **nonprofit**	*no lucrativa*

La palabra **company** puede reemplazarse por otros vocablos de acuerdo con la naturaleza de la organización de que se trate (para más detalles, consulte el léxico complementario):

- **firm**	*firma, casa comercial*
- **corporation**	*empresa, compañía, corporación*
- **business**	*negocio*
- **industry**	*industria, fábrica*
- **manufacturer**	*fabricante, fábrica*
- **agency**	*agencia, dependencia*
- **organization**	*organización, empresa, compañía*

c) **position as (*engineer, receptionist, sales representative, etc.)**

puesto de ingeniero, recepcionista, vendedor, etc.

- **research position**	*puesto en investigación*
accounting position	*puesto en contabilidad*
public relations position	*puesto en el área de relaciones públicas*

En este caso los términos que describen <u>el área de actividad</u> (**research, accounting, public relations**) se emplean como adjetivos y califican la palabra "**position**" y, por lo tanto, la preceden.

Se utiliza la misma forma cuando se precisa <u>la naturaleza</u> del puesto (**engineer, receptionist, sales representative**):

- **engineer position**	*puesto de ingeniero*
receptionist position	*puesto de recepcionista*
sales representative position	*puesto de vendedor*

Sin embargo, esta última forma es menos frecuente y se prefiere la expresión "**position as**" o se menciona solamente el nombre del puesto.

---

* Atención: no se pone el artículo.

La descripción puede ser detallada, precisa, orientada de acuerdo con las habilidades que usted desea resaltar o utilizar:

 - en términos de *actividades especializadas* (**specialized activities**):

position INVOLVING **computer programming**
puesto que se relacione con informática (computación)

position INCLUDING **computer programming**
puesto que incluya informática (computación)

position WITH EMPHASIS **on computer programming**
puesto que en especial esté relacionado con informática
<u>o</u> *puesto esencialmente relacionado con informática*

 - en términos de *posibilidad a futuro* (**future developments**), *exigencias* (**demands**) o *deseos* (**wishes**):

position as secretary WITH OPPORTUNITY **for increasing levels of responsibilities**
puesto de secretaria con posibilidades de tener más responsabilidades en el futuro

 - en términos de *experiencia* (**expertise**) que usted desea aprovechar:

position in accounting USING BACKGROUND IN **law**
puesto en contabilidad que permita aprovechar mi formación en derecho

position in data analysis WHICH WILL USE **software development experience and ability to* work on a wide range of systems**
puesto en el área de análisis de datos que aproveche mi experiencia en desarrollo de software y mi capacidad para trabajar con una gran variedad de sistemas

---

* **ability to (work on a wide range of systems)/ability** + verbo: *capacidad para...*
ability for (new systems development)/ability for + sustantivo: *capacidad para, aptitud para...*

Ejemplos para ayudarle a redactar la sección OBJECTIVE

To apply my vast experience in the development and design of industrial robots.
Aprovechar mi amplia experiencia para la concepción y el perfeccionamiento de robots industriales.

To obtain an entry-level position in investment banking.
Para empezar mi carrera en el área de inversiones de un banco.

To obtain a responsible position as an executive assistant.
Puesto de responsabilidad como asistente de dirección.

To obtain a challenging position as project leader in civil engineering.
Para ocupar un puesto que implique retos como líder de proyecto en ingeniería civil.

A position in marketing/sales that provides opportunity for growth.
Puesto en mercadotecnia/ventas con posibilidades de crecimiento.

A position in the field of data processing that allows for personal initiative.
Puesto en el área de análisis de datos que permita la iniciativa personal.

A position in public relations using my experience as a spokesperson for the automobile industry.
Puesto en relaciones públicas que aproveche mi experiencia como portavoz de la industria del automóvil.

Position in graphic design with communications department of large company involved in high-tech production.
Puesto de diseñador al servicio del departamento de comunicaciones de una gran compañía de alta tecnología.

Position in petroleum engineering offering possibility of travelling (US traveling) or living abroad.
Puesto en el área de ingeniería petrolera, con posibilidades de viajar o vivir en el extranjero.

Position as executive assistant with an import/export company.
Puesto de asistente ejecutiva en una gran compañía dedicada a importaciones/exportaciones.

Position as a hospital pharmacist that will utilize my knowledge of toxicology.
Puesto de farmacéutico(a) en un hospital, que me permita aplicar mis conocimientos de toxicología.

Position as project engineer offering opportunity for continued professional growth.
Puesto de ingeniero de proyecto con perspectivas de promociones.

Administrative position with large clinic or hospital.
Puesto administrativo en un hospital o en una clínica grande/importante.

Editorial position in scientific/technical publishing.
Puesto de editor para libros científicos y técnicos.

A supervisory position in pediatric nursing.
Puesto de supervisor(a) en pediatría de un hospital.

Management position utilizing organizational skills acquired during fifteen years of experience.
Puesto de dirección que aproveche mi capacidad organizativa adquirida en 15 años de experiencia.

Cómo redactar su currículum

1. OBJETIVO

La sección, una vez terminada, se verá así:

Objective	Executive secretarial position making full use of my organization and linguistic skills.

Objetivo	*Puesto de secretaria ejecutiva, que me permita aprovechar al máximo mis habilidades organizativas y mi dominio de idiomas.*

OBJECTIVE:	To utilize my skills in management, organization, and problem-solving in consulting to help small and medium-sized companies through the growth process.

OBJETIVO:	*Emplear mis habilidades de dirección, organización y solución de problemas para ayudar a crecer a las pequeñas y medianas empresas.*

Función

Esta sección contiene una descripción de su *formación* (**background, training**) y su *experiencia* (**experience**). Sirve para presentar sus *capacidades* (**abilities**) y *fortalezas* (**strong points, strengths, assets**).

Consejos

De nuevo, antes de redactar esta sección, tómese el tiempo necesario para reflexionar acerca de lo que va a incluir en este espacio, pues, no lo olvide, ¡es limitado!

Por lo tanto, deberá dar **claves para la lectura** de su currículum, llamar la atención acerca de su personalidad, sus *talentos* (**talents**) y *habilidades* (**skills**). Estos datos se presentan en un orden que refleje el del currículum.

Esta sección es optativa: la utilizará un aspirante con experiencia amplia y variada, cuyo currículum va a tener más de una página.

Principios de redacción

A) <u>No olvide que USTED está describiendo SU experiencia</u> y que debe mencionar las capacidades que puedan interesarle a su futuro empleador. Por lo tanto, escriba en primera persona del singular. Los verbos auxiliares del tipo **I have/I am** están implícitos.

Cuando usted escribe:

strong experience in designing and developing new programs

amplia experiencia en el diseño y el desarrollo de nuevos programas

está implícito: (**I have a**) **strong experience in...**

De igual forma, cuando escribe:

experienced in office management

experiencia en administración

está implícito: (**I am**) **experienced in...**

B) <u>Para hablar de su experiencia y aptitudes</u> usted debe elegir entre varios vocablos, <u>sustantivos</u> (ejemplo: **experience in/record of/ background in**), <u>adjetivos</u> (ejemplo: **experienced in/skilled in**). Cuidado con las <u>preposiciones</u> que los siguen.

Los adjetivos precisan el sentido de los sustantivos (ejemplo: **strong = strong experience in...**), los adverbios precisan el sentido de los adjetivos (ejemplo: **highly = highly experienced in...**).

En el léxico (*cf*. p. 77) encontrará una lista complementaria de expresiones para cada uno de los elementos estudiados.

a) Para traducir *experiencia* (**experience/background/record**):

• **EXPERIENCE IN:** <u>sustantivo</u> seguido de una forma en **-ing**:
experience in management
experiencia en dirección
experience in developing new programs
experiencia en el desarrollo de nuevos programas

La palabra "**experience**" puede calificarse con alguno de los adjetivos siguientes:

strong/solid	*sólida*
excellent	*excelente*
wide/extensive	*amplia, vasta*
broad	*gran*
varied	*variada*
successful	*exitosa*

También puede indicar de dónde viene esta experiencia:
experience GAINED THROUGH activities in large national research center, *experiencia adquirida gracias a las actividades desempeñadas en un importante centro de investigación*

Asimismo, la experiencia se puede calificar en términos de duración; usted dirá entonces:
ten years' experience in management
10 años de experiencia en dirección
NEARLY twenty years' experience in sales
<u>*casi*</u> *20 años de experiencia en ventas*
MORE THAN/OVER ten years' experience in management
<u>*más de*</u> *10 años de experiencia en dirección*

experienced in: adjetivo seguido de un sustantivo o de una forma en **-ing**

> **experienced in office management**
> *experiencia en trabajo administrativo*
> **experienced in purchasing**
> *experiencia en compras*

El adjetivo **experienced in** puede precisarse con un adverbio, **highly**

> **highly experienced in office management**
> *mucha experiencia en trabajo administrativo*

• BACKGROUND IN (literalmente, *segundo plano*: todo lo que ha contribuido a su formación; dará menos la idea de experiencia profundizada que la palabra **experience**): puede estar seguida de un sustantivo o de una forma en **-ing**:

> **background in production management**
> *experiencia en gerencia de producción*
> **background in auditing**
> *experiencia en auditorías*

o precedido de uno o varios sustantivos (empleados como adjetivos):

> **production management background**
> *experiencia en gerencia de producción*

El vocablo **background** puede calificarse con alguno de los siguientes adjetivos:

> **strong**   *sólida*
> **excellent**   *excelente*
> **broad**   *amplia, vasta*
> **professional**   *profesional*
> Ejemplo: **excellent engineering background**
>   *excelente formación de ingeniero*

• RECORD OF: esta palabra introduce la idea de que las pruebas de la experiencia existen y pueden presentarse.

> **record of bringing projects on schedule**
> *conocido por su capacidad de presentar sus proyectos a tiempo*

El vocablo **record** puede estar calificado por uno de los siguientes adjetivos:

outstanding	*excepcional*
excellent	*excelente*
proven<to prove	*reconocida*

Observe: para indicar que se tiene mucha experiencia en algún área, usted puede utilizar el adjetivo **seasoned** antes del nombre del puesto, como en los ejemplos siguientes:

seasoned P/A*   *secretaria con mucha experiencia*
seasoned advertising executive
ejecutivo de publicidad con mucha experiencia

b) Para traducir la idea de *capacidad*, **ability**; *habilidad*, **skill(s)**:

• ABILITY

- **ability to** (**< to be able to** = *ser capaz de*): sustantivo seguido de un verbo en infinitivo

ability to implement effective training programs
capacidad para aplicar programas de capacitación eficaces

El vocablo **ability** puede calificarse con uno de los siguientes adjetivos:

strong	*sólida*
proven < **to prove**	*reconocida*
outstanding	*excepcional*

Ejemplo: **proven ability to coordinate large numbers of people**
reconocida capacidad para coordinar el trabajo de muchas personas

- **ability in**: seguido de un sustantivo
strong ability in graphic design
sólida capacidad para el diseño gráfico

• SKILL(S)

- El vocablo **skill(s)** implica la idea de habilidad, de estar calificado o especializado:

organizational skills	*habilidades organizacionales*
communication skills	*habilidad para la comunicación*
interpersonal skills	*habilidad para establecer relaciones interpersonales*

---

* P/A: abreviatura de **personal assistant** = *secretaria*.

- **skill in**: seguido de un verbo con la forma en **-ing**
  skill in researching and analysing market data
  habilidad para la investigación y el análisis de datos de mercadotecnia

La palabra **skill** puede modificarse con adjetivos como:

good	*buena*
strong	*sólida*
excellent	*excelente*
outstanding	*excepcional*

Ejemplo: **outstanding communication and presentation skills**

excepcionales habilidades en comunicación y presentación

> **Hay muchos adjetivos para describir con precisión sus capacidades y habilidades.**

Se trata de:
- **able to** + verbo: *capaz de*
  able to design training programs
  capaz de armar programas de capacitación
- **skilled in** + verbo en **-ing**: *calificado/especializado/hábil*
  skilled in identifying buyers' needs
  hábil para identificar las necesidades de los compradores
- **familiar with** seguido de un sustantivo: *experto en, conocedor de*
  familiar with a wide range of computer languages
  experto en una amplia gama de lenguajes de computación
- **specialist in** + verbo en **-ing**: *especializado, especialista*
  specialist in developing computer programs
  especialista en el desarrollo de programas de computación
- **effective in** + verbo en **-ing**: *eficiente*
  effective in training staff
  eficiente para la capacitación de personal
- **certified to** + verbo: da la idea de diploma, certificado, título, permiso oficial para ejercer
  certified to counsel individuals and families
  diploma que autoriza dar consejos profesionales a individuos y a familias

- **credentialed < credentials***: que posee la formación y las referencias necesarias para ejercer determinada actividad
  credentialed adult-education teacher
  maestro(a) especializado(a) en educación para adultos

c) Para traducir la idea de *conocimientos* (**knowledge**), de *formación* (**training**), de *experiencia* (**expertise**) en determinada área:
• KNOWLEDGE OF: seguido de un sustantivo
  knowledge of manufacturing processes
  conocimiento de procesos de fabricación
  knowledge of computer languages
  conocimiento de lenguajes de computación
  La palabra **knowledge**, siempre en singular, puede precisarse con alguno de los adjetivos siguientes:

thorough	*completo, profundo*
extensive	*amplio, completo*
firsthand	*directo, de primera mano*

Ejemplo: **extensive knowledge of leadership techniques**
  conocimiento amplio de técnicas de liderazgo
  Si usted desea aclarar que se trata de un conocimiento práctico, emplee la expresión **hands-on**, que se utiliza como adjetivo:
  hands-on knowledge of textile manufacturing processes
  conocimiento práctico de técnicas de fabricación de textiles

El adjetivo **knowledgeable in** o **knowledgeable about** existe y puede emplearse como aquí:
  knowledgeable in or **about management techniques**
  con conocimientos en técnicas de administración

• UNDERSTANDING OF: seguido de un sustantivo o un verbo en **-ing** empleado como sustantivo, implica una *buena comprensión* o *dominio* de un problema

---

*   El vocablo **credentials**, *títulos*, se refiere a una formación o a un certificado/título obtenido que permite ejercer determinada actividad.

understanding of customer relations
buena comprensión de las relaciones con los clientes

La palabra **understanding** puede calificarse con alguno de los adjetivos siguientes:

thorough	*completo*
good	*bueno*
solid	*sólido*

• TRAINING IN: implica que el aspirante recibió una preparación (por lo general práctica) en determinada área

training in chemistry, law
capacitación en química o en el área jurídica

Es posible emplear el adjetivo **trained** con el mismo sentido, y modificarlo con el adverbio **highly**:

highly trained nurse
enfermera con sólida preparación práctica

• EXPERTISE IN: traduce la idea *ser experto, de dominar la materia*

expertise in the applications of lasers
experto(a) en el área de aplicación de láser

d) Para describir sus *cualidades personales* (**personal qualities**):

Escoja de la lista de léxico:

- los calificativos apropiados:

detail-oriented person   *persona preocupada por los detalles*

highly organized individual   *persona muy organizada*

strongly motivated   *muy motivado(a)*

enthusiastic   *entusiasta*

committed to (high quality education)
comprometido a (dar una educación de buena calidad)

deeply committed to (promoting high quality education)
profundamente comprometido a (promover una educación de buena calidad)

sensitive to   *sensible a*

- los sustantivos en relación con los adjetivos citados:

strong commitment to
muy comprometido con
sensitivity to (the needs of elderly people)
sensible a las necesidades de los ancianos
(genuine) concern for elderly people
genuina preocupación por los ancianos
strong sense of responsibility
gran sentido de la responsabilidad

- los verbos:

• Utilícelos conjugados en presente para describir una cualidad que lo caracteriza, una constante en su personalidad:

establish excellent relations with customers
establezco excelentes relaciones con los clientes (por lo general)

o bien

enjoy the challenge of designing new programs
me gusta el desafío de diseñar nuevos programas (hábito)

Es posible resaltar la permanencia con ciertos adverbios como:

consistently   *a menudo, por lo general*

Ejemplo: **consistently take the initiative to solve problems**
            por lo general tomo la iniciativa para resolver problemas

o el resultado positivo de una actitud con los adverbios siguientes:

easily   *con facilidad*
successfully   *con éxito*
effectively   *con eficacia*
quickly   *con rapidez*
accurately   *con precisión*

Ejemplo: **easily communicate at all levels of interaction**
            me comunico con facilidad en todos los niveles de relación

• Conjugados en pasado, los verbos se referirán a cualidades con las que se destacó en el pasado, *muchas veces* (**repeatedly**), o *frecuentemente* (**frequently**):

repeatedly demonstrated effectiveness in identifying new markets
muchas veces demostré eficacia en la identificación de nuevos mercados

- Podrá utilizarlos también con <u>la forma en **-ing**</u>:
  maintaining high standard of work under pressure
  logro mantener un alto nivel de trabajo incluso bajo presión

o

  dealing tactfully and effectively with customers
  trato a los clientes con eficiencia y tacto

e) Finalmente, mencione su buena *reputación* (**reputation**):
  noted for ability to...
  apreciado por mi capacidad para
  highly regarded by employees for ability to...
  muy respetado por los empleados por mi habilidad para...
  recognized as an authority on...
  considerado(a) como una autoridad en...
  established reputation as excellent negotiator
  sólida reputación como excelente negociador
  (I) developed a reputation for high quality work
  Me gané la reputación de hacer trabajos de buena calidad

Ejemplos que le ayudarán a redactar la sección SUMMARY

Nearly ten years' experience in visual communications encompassing all aspects of graphic design.
Casi 10 años de experiencia en el área de comunicación visual, en la que trabajé todo lo relacionado con el diseño gráfico.

Extensive experience in import/export, principally in machine-tools. In-depth knowledge of commerce in Spanish-speaking Africa.
Amplia experiencia en importación/exportación, en especial en el sector de máquinas-herramientas. Conocimiento profundo del comercio en África hispanohablante.

Buyer with fifteen years' experience in the food service industry. Have developed skills in the areas of market prediction, xxx, and xxxx.

Quince años de experiencia en compras dentro del sector de la industria alimentaria. Perfeccioné habilidades en las áreas de predicción de mercados, xxx y xxxx.

Proven sales experience in agricultural chemicals and fertilizers.

Experiencia probada en ventas en el sector de fertilizantes y productos químicos para la agricultura.

Twelve years of increasing responsibilities in banking. Experience comprising all facets of consumer and commercial loans.

Doce años de responsabilidades cada vez mayores en el sector bancario. Mi experiencia abarca todos los aspectos relacionados con los préstamos a particulares y a empresas.

A seasoned control engineer with vast background in computer integrated manufacturing, systems control and modeling analysis.

Ingeniero experimentado con amplia experiencia en manufactura integrada por computadora, control de sistemas y análisis de modelos.

Certified Spanish-English translator with over ten years' experience. Specialized in patent applications, have developed a reputation for high quality technical translation.

Perito traductor español-inglés, con más de 10 años de experiencia. Especializado en traducciones de patentes. Excelente reputación por traducciones técnicas de gran calidad.

Credentialed real-estate agent with strong experience in commercial transactions. Committed to high professional standards, enjoy the challenge of satisfying client needs.

Agente de bienes raíces acreditado con una gran experiencia en transacciones comerciales. Comprometido en mantener un alto nivel de profesionalismo. Mi preocupación fundamental es satisfacer las necesidades de los clientes.

La sección, una vez redactada, se verá como en los ejemplos siguientes:

> **Over twenty years of experience at both the research and managerial level in the development of computer codes for applications in heat transfer and metal processing. Experience gained through activities in large national research center, private consulting and young, fast-growing enterprise.**

> *Más de 20 años de experiencia tanto en investigación como en administración en el área de desarrollo de códigos de computadora aplicados a la transferencia de calor y a la transformación de metales. Experiencia adquirida en un importante centro nacional de investigación y en una pequeña empresa en expansión, así como mediante actividades de asesor.*

> **Summary* After pauses in my career to raise and manage a family, I took a one-year course to up-date my computer skills and acquire more knowledge in import/export. I am currently carrying out a temporary job in the export department at Marin-Garbin, a large manufacturer of electrical equipment.**

> *Descripción: Después de algunas pausas en mi carrera para criar a mis hijos y atender a mi familia, tomé un curso de actualización en computación y para adquirir más conocimientos en importaciones/exportaciones. En la actualidad tengo un empleo temporal en el departamento de exportaciones de Marin-Garbin, un destacado fabricante de material eléctrico.*

* Este ejemplo muestra una sección completamente redactada: a diferencia de lo que suele hacerse, no hay nada sobreentendido u omitido: el sujeto (**I**/*yo*), los artículos y las preposiciones están en su lugar para formar oraciones completas.

adjetivos de cualidad	adjectives of quality
alto nivel	high calibre (a high calibre professional) accomplished
competente	proficient in
de primera	leading
de primera clase	first-class
destacado	remarkable
esencial	essential
excelente	excellent
excepcional	exceptional
fuera de lo común, sobresaliente	outstanding
fuerte	strong
gran potencial	(individual) with a great potential
muy alto nivel	top-level
probada/comprobada	proven < to prove: probar

cualidades requeridas por el perfil del puesto	requirements for the job profile of the applicant
ingenieros y ejecutivos (técnicos y de negocios)	engineers and executives (technical and business)
EXPERIENCIA	EXPERIENCE
amplia experiencia/mundial	all-round experience (GB)
calificado y experimentado	qualified and experienced
capacidad demostrada para (administrar una oficina)	proven (office management) ability/experience
capacidad profesional	professional competence
excepcional experiencia en	exceptional record in...
experiencia previa	previous experience
experiencia probada y apropiada en el área de...	proven, relevant experience in the field of...
papel con un perfil de alto nivel	high profile role
profesional de alto nivel (literalmente: probado)	proven professional (proven < to prove: probar)
profesional de alto nivel, ejecutivo	high calibre professional

sólida experiencia en el campo de la economía	**proven, relevant experience in the field of economic issues**
sólida experiencia en investigación	**substantial record of research**
vasta experiencia (en el área de...)	**expertise in (the field of)**
vasta experiencia y de alto nivel (en el área de negocios)	**extensive, high level (business) experience**

CONOCIMIENTOS	**KNOWLEDGE**
conocimiento a fondo	**in-depth knowledge of**
conocimiento de un problema	**understanding of (a problem)**
conocimiento detallado de	**detailed knowledge of...**
conocimiento especial (de negocios)	**(commercially) aware**

EFICACIA	**EFFECTIVENESS**
acostumbrado a trabajar	**accustomed to working...**
autoridad	**authority**
capaz de manejar cualquier situación	**to handle a situation**
capaz de trabajar con calendarios estrictos	**able to meet strict deadlines**
centrado en las soluciones	**solution-centered**
con creatividad para resolver problemas	**having an innovative approach to problem-solving**
con sentido práctico	**practical**
convencer	**to convince**
decisiones (tomar)	**to make decisions**
disponible	**available**
dispuesto a trabajar en el extranjero	**keen to work overseas (GB)**
dispuesto a trabajar en otra ciudad, país	**willing to relocate**
dispuesto a viajar	**willing to travel**
enérgico y tenaz	**energetic and tough**
estilo eficaz (como líder de proyecto)	**effective style in (project leadership)**
franco y directo	**(having) a tough, pragmatic outlook**
gran capacidad de trabajo	**able to handle a large volume of work**
iniciativa (demostrar)	**to show initiative**

innovador	**innovative**
preocupado por los resultados	**output-focussed**
rendimiento óptimo desde el primer día	**able to make a significant contribution from day one**

MOTIVACIÓN   MOTIVATION

ambicioso, deseoso de triunfar	**ambitious, career-oriented**
apasionado por	**to be keen on sthg**
buenas relaciones con el público	**ability to meet the public**
capaz de establecer buenas relaciones con el personal de (otras empresas)	**ability to liaise with the staffs of...**
capaz de negociar y motivar	**able to negotiate and motivate**
carisma	**charisma**
comprometido	**to commit oneself to**
comprometido, consagrado a	**to be committed to one's work or to doing sthg**
comunicar (en todos los niveles)	**to communicate at all levels**
con objetivos claros en la toma de decisiones	**clarity of purpose in decision-making**
confianza en su capacidad de comunicar	**a confident communicator**
cualidades de líder	**good leadership qualities**
desempeñar un papel activo (en un equipo) o en...	**to assume an active part (on a team) or in...**
en busca de (calidad)	**dedicated to (quality)**
firme en sus juicios	**sound judgement**
flexibilidad (de carácter)	**flexibility**
gran interés por	**real/keen, interest in...**
grandes habilidades para la comunicación	**highly developed communication skills**
hábil para relacionarse bien con otras personas	**able to relate well with people**
habilidad para dirigir	**practical (management) skills**
habilidades interpersonales	**interpersonal skills**
motivado	**self-motivated**
visión clara	**clarity of vision**

COMUNICACIÓN ORAL Y ESCRITA   WRITTEN AND ORAL SKILLS

buen redactor de informes	**experienced in writing reports**

capacidad para hablar en...	**conversational competence in...**
dominar una lengua/inglés, alemán fluido	**to be fluent in.../to speak fluent (English, German)**
dominio (de un idioma) hablado	**fluency in (German, French)**
en expresión escrita, redacción	**written**
oral, hablado	**oral**
personal de oficina, secretarias	**office personnel, secretaries**

competencia profesional	**professional competence**

calificaciones, títulos	**qualifications**
HABILIDADES PRÁCTICAS Y TÉCNICAS	**PRACTICAL, TECHNICAL SKILLS**
administrar una carga de trabajo compleja	**to manage a complex workload**
aptitud para responder el teléfono	**a good telephone manner**
capaz de cumplir con calendarios apretados	**ability to work to tight schedules**
capaz de escribir cartas	**capable of composing letters**
capaz de leer y escribir	**to be literate**
capaz de manejar un teclado	**keyboard literate** (adj.)
capaz de mecanografiar con rapidez y sin errores	**fast, accurate typing**
capaz de organizar la agenda del director	**capable of organizing the manager's diary (GB)/ agenda (US)**
capaz de utilizar una computadora	**computer literate**
completo conocimiento de	**thorough knowledge of**
con experiencia previa en	**with previous experience in**
conocimiento especial de	**particular knowledge of**
conocimientos de aritmética suficientes para administrar un presupuesto	**to be numerate to handle a budget**
dominio de la mecanografía	**(excellent) typing skills**
dominio del sistema Applemac	**Applemac use**

dominio del teclado	**keyboard literacy** (sustantivo)
eficacia	**efficiency**
eficiente	**efficient**
establecer prioridades	**to prioritize**
experiencia de dos años en trabajo secretarial	**2 years' secretarial experience**
familiarizado/conocer bien	**to be familiar with** (a technique)
habilidades organizacionales	**organizational skills/ability**
habilidades secretariales	**secretarial skills**
hacer los arreglos para viajes largos y cortos	**to organize travel arrangements**
manejar las relaciones con los clientes de...	**to liaise with** (clients of)
manejar las relaciones internacionales	**to handle international liaison**
manejo de contactos con...	**to handle contacts with...**
muestra una gran experiencia en el área de	**to show expertise in the field of**
muy bien organizado(a)	**highly organized**
80 palabras por minuto en taquigrafía	**80 w.p.m. shorthand**
organizar seminarios	**to organize seminars**
proporcionar apoyo secretarial completo	**to provide full secretarial support**
conocimientos de aritmética (tener)	**to be numerate**
taquigrafía rápida	**fast shorthand**
CAPACIDADES PROFESIONALES Y HUMANAS	**HUMAN AND PROFESSIONAL COMPETENCE**
adaptable	**to be flexible**
adaptarse (capacidad de)	**flexibility** (to show)
aplica el sentido común en el trabajo	**a common sense approach to work**
buenas habilidades de comunicación	**good communication skills**
capaz de anticipar	**to show an ability to anticipate**
compenetrado totalmente con su trabajo	**showing total involvement in...**
confiable	**to rely on**
confianza (digno de)	**reliable**
consagrada a su trabajo	**committed to** (her work)

consagrarse a	**to commit oneself to...**
disfrutar de comunicarse con la gente de todos los niveles	**to enjoy communicating with people at all levels**
disfrutar de formar parte de un equipo dinámico	**to enjoy being part of a go-ahead team**
disfrutar el trabajo activo	**to enjoy a busy and involved role**
enfrentar un desafío estimulante	**to meet an exciting challenge**
estar a gusto en (la variedad)/ un medio muy profesional	**to thrive on (variety)/to thrive in a professional environment**
excelentes relaciones interpersonales	**excellent interpersonal skills**
gran sentido del humor	**a strong/keen sense of humor**
juicio personal	**personal judgement**
madurez en la manera de trabajar	**mature approach to work**
maduro, reflexivo	**mature**
mostrar iniciativa	**to show initiative**
personalidad dinámica	**dynamic personality**
puntualidad	**punctuality**

personalidad	**personality**

EDUCACIÓN (URBANIDAD)	**EDUCATION (= upbringing)**
bien educado	**well-educated**
con pensamiento claro	**clear-thinking**
ha viajado mucho	**well-travelled**
habla bien	**well spoken**
imaginativo	**imaginative**
lleno de vida	**lively**
refinado	**polished**
se expresa con facilidad	**articulate**
seguro(a) de sí mismo(a)	**confident**
sociable	**outgoing**

MOTIVACIÓN, ENTUSIASMO	**MOTIVATION, ENTHUSIASM**
adaptable	**adaptable**
capaz de enfrentar presiones	**ability to cope with pressure**
capaz de enfrentar un problema	**to tackle (a problem, a situation)**
capaz de trabajar bajo presión	**ability to work under pressure**
decidido	**determined**

Función

La experiencia acumulada a través de los varios empleos que usted haya desempeñado será interpretada por el empleador en términos del potencial que usted representa para su empresa. Muéstrele cómo adquirió capacidades que le serán inmediata y directamente útiles.

Esta sección contendrá una descripción de los empleos que tuvo, de las responsabilidades que asumió, pero en especial deberá insistir sobre *sus logros* (**your achievements**) en los diferentes puestos. Esos logros lo distinguirán a usted de entre los demás aspirantes.

Consejos

A) Antes de empezar a redactar esta sección, arme una especie de banco de logros claro y explícito. Mencione:
  - sus actividades pasadas y los puestos que ocupó;
  - las fechas en que ocupó esos empleos;
  - el nombre de su empleador;
  - el nombre del puesto que usted ocupó, precisando si se trató de un empleo de tiempo completo, de medio tiempo, voluntario, una práctica remunerada o no, etc. *Cuidado*: no hay una correspondencia exacta entre los nombres de un puesto entre una empresa y otra, con más razón entre un país y otro. Recurra al léxico para las nociones de responsabilidad, jerarquía, etc. Lo mismo cuando indique el tipo de empresa (filial, división, sucursal) para la que usted trabaja o trabajó.

¿Para qué este banco de logros?

En primer lugar, para asegurarse de no olvidar ninguna de sus experiencias previas. Luego, para hacer una selección y escoger los datos más importantes y que se adaptan mejor: trate de que las actividades y los logros que usted presenta sean coherentes con el objetivo que persigue. Asimismo, usted debe ser preciso (fechas, naturaleza del puesto, cifras, porcentajes) para ilustrar y resaltar lo que dice, etc. En suma, usted debe ser **convincente**, **persuasivo**, saber encontrar el tono adecuado para hablar de un trabajo y de un logro, aunque este último sea parcial. Por lo tanto, tómese el tiempo necesario para reflexionar, seleccionar, organizar su información antes de presentarla.

B) Según haya seleccionado el formato cronológico o funcional, redactará de manera diferente esta sección, con el conjunto de informaciones respecto a fechas sucesivas (años, meses) o tipos de actividad (por ejemplo, Formatos p. 46).

Principios de redacción

A) Usted escogió el *orden cronológico* (**chronological format**)

a) Comience indicando *la función/el puesto* que ocupó (**title/position**), así como el nombre y la dirección de la *empresa* (**company**).
    Consulte el léxico para encontrar la lista de *puestos* o *empleos* (**job titles**), entre los cuales encontrará:

drafstman	*diseñador*
auto-mechanician	*mecánico de automóviles*
sales engineer	*ingeniero de ventas*
English tutor	*profesor particular de inglés*

b) Para precisar las funciones que desempeña o desempeñó, utilice algunas de las expresiones siguientes:
    as quality control inspector, inspected and tested...
    como inspector de calidad, inspeccioné y probé...
o bien   *inspeccioné y probé...*

<u>Dos observaciones</u>: - **as** = *como* va seguido de un sustantivo sin artículo, el sujeto **I** (primera persona del singular) se sobreentiende.

Las mismas observaciones para las expresiones siguientes:
    served as flight attendant
    empleada como azafata
    functioned as project leader
    cumplía las funciones de un líder de proyecto

performed same function as branch manager
me desempeñé como gerente de sucursal

Muchas veces hemos observado el uso de un estilo que elide algunos elementos (sujeto de primera persona, auxiliares, etc.). En este caso se omitieron los artículos. La oración completa debería escribirse: **I performed <u>the</u> same function as <u>a</u> branch manager.**

while functioning as project leader, designed and implemented...
como líder de proyecto, elaboré y puse en práctica...

La oración completa debería escribirse: **while <u>I was</u> functioning as project leader, <u>I</u> designed and implemented...**

En las expresiones siguientes el auxiliar **I was** o **I am** se sobreentiende:

responsible for teaching classes to adults
encargado de la enseñanza de adultos
involved <u>in</u> the design of intensive training programs
participé en la elaboración de programas de capacitación intensiva

o **involved <u>with</u> the development of educational programs**
participé en la elaboración de programas educativos

El adjetivo **involved** puede modificarse con alguno de los adjetivos siguientes:

heavily   *fuertemente*
actively   *activamente*
extensively   *ampliamente*
instrumental in implementing programs
desempeñé un papel fundamental en la puesta en práctica de los programas
played a key role in the development of programs
desempeñé un papel clave en la elaboración de los programas
my duties include/my duties included...
mis tareas abarcan/abarcaban...
my resposibilities include/included
mis responsabilidades son/eran

B) Usted escogió la disposición en categorías o áreas de experiencia (**functional format**)

a) Entonces colocará los datos concernientes a su experiencia pasada y presente en subsecciones que elegirá de una lista que se presenta en el léxico (*cf.* p. 99). Los títulos de estas subsecciones están relacionados con áreas tan variadas como:

management	*gerencia, dirección*
personnel management	*manejo de personal*
project management	*dirección de proyecto*
human resources	*administración de recursos*
administration	*humanos*
accounting	*contabilidad*

WORK EXPERIENCE

Marketing, sales
- planned successful strategies to develop new products
- expanded customer base by nearly 40%
- increased sales by 25%

Communication
- drafted evaluation reports and problem analyses
- made oral presentation to management
- made field visits and conducted advertising campaign

EXPERIENCIA PROFESIONAL

Mercadotecnia, ventas
- *planeé estrategias exitosas para el desarrollo de nuevos productos*
- *amplié la base de clientes en cerca de 40%*
- *aumenté las ventas en 25%*

Comunicación
- *redacté informes de evaluación y análisis de problemas*
- *hice presentaciones ante la dirección*
- *hice visitas de campo y campañas de publicidad*

b) Usted podrá clasificar también sus datos de acuerdo con su preparación. La sección no se llamará "**Work Experience**", sino "**Qualifications**" o "**Highlights of Qualifications**". Sus habilidades y aptitudes estarán separadas del lugar donde las adquirió (que estará en la sección "**Work History**"). De esta manera, resaltarán más y darán una imagen mejor definida de usted. Ejemplo:

	QUALIFICATIONS
Secretarial	• **Carry out routine secretarial functions: dictaphone transcription, telephone relations with clients, preparation of correspondence.**
Bookkeeping	• **Take care of bookkeeping and accounting including payroll, monthly bank statements, billing of clients, expense accounts.**
	• **Prepare quarterly reports for Social Security determining health insurance, unemployment insurance and retirement contributions.**
Legal	• **Prepare procedures and answer procedural questions in a number of fields including divorce cases, expulsions, rental agreements, seizures.**

	PREPARACIÓN
Secretarial	• *Todas las labores de rutina de una secretaria: utilización del dictáfono, comunicación telefónica con los clientes, preparación de la correspondencia.*
Contabilidad	• *Me encargué de los libros y operaciones de contabilidad, como pago de empleados, declaraciones bancarias mensuales, facturación, cuentas de gastos.*
	• *Preparación de los expedientes trimestrales para la Seguridad Social: cotizaciones y cuotas de jubilación.*
Área Jurídica	• *Preparación de procedimientos y jurídica respuesta a cierta cantidad de preguntas procedimentales en casos de divorcios, desalojos, alquileres y embargos.*

C) En los dos casos (**chronological format** y **functional format**), usted presentará sus actividades y su preparación cuidando:

a) de escoger el tiempo adecuado:

• *pasado* (**past/preterite**) siempre que se trate de empleos que haya ocupado en el pasado, de acciones específicas, ya terminadas en el momento en el que usted escribe:

> **my duties included...**
> *mis responsabilidades incluían...*
> **designed and produced brochures**
> *diseñé y produje folletos*

→ No se deje influir por la utilización en el español de España del antepresente que se parece al **present perfect** inglés por su forma. Cuando en español se dice *diseñé folletos*, se trata de una acción terminada, mientras que el **present perfect** se utiliza en inglés para referirse a una acción que no ha terminado en el momento en que se habla.

• *presente* (**simple present**) cuando usted mencione su empleo actual, el puesto o las responsabilidades que tenga en el momento de redactar su currículum, o cuando usted se refiera a una actividad habitual, regular:

> **interview and hire personnel**
> *entrevisto y contrato personal*
> **my duties include...**
> *mis responsabilidades incluyen...*

El adverbio **currently**, *actualmente*, *en este momento*, puede utilizarse para precisar la naturaleza actual del puesto:

> **currently supervise a staff of 25 employees**
> *actualmente dirijo un equipo de 25 empleados*

b) De escoger verbos de acción: le darán más dinamismo a su presentación.

Sin embargo, también es cierto que en español se tiende más a usar sustantivos cuando el inglés prefiere verbos:

Ejemplo: en español se diría:

> - *participación activa en la organización de congresos*

o
> - *búsqueda de patrocinadores para la edición de un folleto*

en inglés se dice:

- **participated actively in organizing conferences**

o   - **looked for sponsors to produce a promotional brochure**

<u>Observación</u>: El sujeto de la acción, es decir, el que escribe el currículum, usted, no se menciona nunca.

• La forma en **-ing** se emplea sólo para la enumeración de actividades. Limítese a mencionarlas, sin profundizar:

My duties include(d):

- **providing on-site maintenance of many types of computers,**
- **repairing all mechanical devices and peripherals,**
- **assisting branch manager in keeping inventory at proper level.**

Estaba encargado de:

- *dar mantenimiento a toda clase de computadoras,*
- *hacer reparaciones mecánicas y de los periféricos,*
- *ayudar al gerente de la sucursal a mantener al día el inventario.*

<u>Conclusión</u>:

Escoja verbos activos, conjugados (en pasado o en presente) y evite los sustantivos y las formas en **-ing**.

En lugar de:	**designing and implementing an intensive training program for personnel**
escriba:	**designed and implemented an intensive training program for personnel** *elaboré y puse en práctica un programa intensivo de capacitación para el personal*

Usted encontrará en el léxico al final de la sección una lista de los verbos de acción más comunes, así como expresiones que le ayudarán a describir sus puestos y actividades. Las siguientes son algunas de las más comunes:

aconsejar	**counsel**
ampliar	**expand**
analizar	**analyse**
aumentar	**increase, expand**
ayudar	**assist**
capacitar	**train**
construir	**build**
contribuir a	**contribute to**
controlar	**monitor**
cooperar	**cooperate**
coordinar	**coordinate**
definir	**define**
desarrollar	**develop**
determinar	**determine**
dirigir	**control**
dirigir	**direct, lead**
dirigir	**manage**
disminuir, reducir	**decrease, reduce**
establecer	**establish**
estimar, evaluar	**evaluate, assess**
estudiar	**study**
evaluar	**evaluate**
iniciar, organizar	**set up, initiate**
introducir	**introduce**
investigar	**investigate**
juzgar, evaluar	**assess**
lanzar (un producto)	**launch**
llevar a cabo	**implement**
mejorar	**improve**
organizar	**organize**
participar en	**participate in**
planear	**plan**
poner en práctica	**perform**
probar	**test**
promover	**promote**
proveer	**provide**
realizar	**perform**
resolver	**solve**
supervisar	**supervise**
supervisar	**monitor**

c) Se recomienda dar datos en *números* (**figures**) para apoyar sus logros, indicar la cantidad de personas que están a sus órdenes o que forman parte de su equipo, el monto del presupuesto que maneja, etcétera.

- Usted contribuyó a que *creciera* (**to increase**) la *participación en el mercado* (**a market share**), las *ventas* (**sales**), etc., de la compañía.

Escriba: - **increased sales 40%/increased sales by 40%**
- *las ventas aumentaron en 40%*

o - **increased market share from 12% to 25% in three years**
- *logré incrementar la participación en el mercado de 12 a 25% en tres años*

o también - **production expanded from $20,000 per month to $35,000**
- *la producción aumentó de 20,000 a 35,000 dólares por mes*

- Usted contribuyó a *bajar* (**to decrease**) los *costos* (**costs**), a *reducir* (**to reduce**) los *gastos* (**expenses**), en suma, ¡a *ahorrar dinero* (**to save money**)!

Escriba: - **reduced cost on tools purchased by 15%**
- *reduje en 15% el gasto en la compra de herramientas*

o - **saved $10,000 annually on paperwork**
- *ahorré 10,000 dólares por año en papeleo burocrático*

Ejemplos para ayudarle a redactar la sección WORK

Ingenieros y ejecutivos/**Engineers and executives**

A) *Técnica*/**Technical**

Test and evaluate new plastics for use in skis.
Probé y evalúe nuevos plásticos para la fabricación de esquíes.
Perform ultrasound procedures in obstetrics department.
Realicé exámenes de ultrasonido en el área de obstetricia.
Developed and patented device to...
Inventé y registré un nuevo aparato para...
Assembled computer components in White Room.
Armé componentes de computadora en White Room.
Maintenance department, responsible for the maintenance of 25 vehicles.
Servicio de mantenimiento, responsable del mantenimiento de 25 vehículos.
Implemented new safety procedures for assembly-line workers, reducing injuries by 15%.
Puse en práctica un nuevo reglamento de seguridad para la línea de ensamblaje, lo que redujo en 15% los accidentes.
Analyzed computer needs for three large offices. Coordinated the computer installation and the training of the office personnel.
Analicé las necesidades relacionadas con computación de tres grandes oficinas. Coordiné la instalación de las computadoras, así como la capacitación del personal.
Designed a new fin unit on water/gas heat exchanger, increasing efficiency by 15%.
Diseñé un nuevo tipo de aleta para intercambio térmico agua/gas, lo que aumentó el rendimiento en 15%.
Expanded the production line over a two-year period to accommodate the assembly of two new components.
En dos años amplié la línea de producción para que pudieran ensamblarse dos componentes nuevos.

B) *Negocios*/**Business**

Duties at Weston and Co. included scheduling and organizing quarterly food shows for regional clients.
Mis obligaciones en Weston and Co. incluían preparar y organizar los festivales trimestrales de comida para los clientes de las diferentes regiones.

Selected new dessert products to carry in the supermarket chain.
Encargado de la selección de nuevos postres para dar servicio a los supermercados.

Provide weekly reports to predict market trends.
Elaboración de informes semanales para predecir las tendencias del mercado.

Carry out promotional activities for the launching of new products.
Puesta en práctica de campañas promocionales para el lanzamiento de nuevos productos.

As district sales manager, raised level of sales by 24% over previous year.
Como gerente regional de ventas, logré aumentar en 24% el nivel de ventas.

Manager of sports department with yearly sales of $2,000,000, full-time staff of 5.
Gerente del departamento de artículos deportivos con cinco empleados, logré ventas anuales por dos millones de dólares.

Managed small-appliances store with annual sales of $650,000.
Dirigí una tienda de aparatos eléctricos cuyas ventas anuales ascendieron a 650,000 dólares.

Initiated a new procedure for dealing with customer service requests, reducing handling time by 25%.
Puse en práctica un procedimiento nuevo para servicios al cliente, lo que redujo el tiempo de respuesta en 25%.

Introduced a new stock rotation system resulting in 20% fewer stocks.
Introduje un nuevo sistema de rotación de inventarios que permitió reducirlos en 20%.

C) *Recursos humanos/***Human resources**

Estimated company cost for worker health-care program.
Evalué el costo que tendría para una empresa un programa de seguro de gastos médicos para sus empleados.

Designed and implemented employee training sessions.
Elaboré y puse en práctica sesiones de capacitación para los empleados.

Trained personnel in equipment operation.
Capacitación de personal para el uso del equipo.

*Personal administrativo/***Office staff**

As administrative assistant, direct daily operations.
Como asistente administrativa, superviso las tareas cotidianas.

As secretary to head of exports, responsibilities include(d):
   - scheduling appointments and keeping agendas
   - preparing weekly reports on...
   - providing travel arrangements
Como secretaria del gerente de exportaciones, mis tareas son/eran las siguientes:
   - programación de las citas y llevar las agendas
   - preparación de los informes semanales de...
   - arreglos necesarios para los viajes

Manage a full-time sales staff of 20.
Dirijo un equipo de 20 vendedores de tiempo completo.

Supervised and coordinated duties for a secretarial staff of 10.
Supervisé y coordiné las tareas de un equipo de 10 secretarias.

Organized a four-day international conference on xxx with 85 participants from 8 countries. Attended to arrangements for travel, hotel reservations, secretarial staff, translators, conference rooms and equipment.
Organicé una conferencia internacional de cuatro días sobre xxx, que reunió a 85 participantes de ocho países. Me encargué de los viajes, las reservaciones de hotel, la organización de un equipo de secretarias y traductores. También estuve a cargo de las salas de conferencias y del equipo.

*Investigación/*Research

Director of research – direct and orient research activities of 50 research scientists in 4 laboratories.
Director de investigación. Dirijo y oriento las actividades de investigación de 50 investigadores distribuidos en cuatro laboratorios.

Researched, wrote and published over 20 papers on nuclear waste technology.
Autor de más de 20 artículos de investigación sobre la tecnología de los desechos atómicos.

*Otros/*Others

Programs director, Institut Dewey for adult education
• in charge of designing programs and developing courses
Director de programas, Instituto Dewey para la educación de adultos
• responsable de la elaboración de programas y de los cursos

Sixteen years' experience as a hospital dietician – menu planning, consulting with doctors and patients, coordinating staff.
Dieciséis años de experiencia como dietista en hospitales: elaboración de menús, asesoría con doctores y a pacientes, coordinación de un equipo de trabajo.

La sección completamente redactada quedaría así:

PROFESSIONAL EXPERIENCE

September 19..	Substitute nurse Hospital de Clínicas Recovery Unit Neurology and Trauma Department
July 19..	Nurse's aid Sanatorio Español, Montevideo Assumed day-to-day responsibilities in Oncology Department.

EXPERIENCIA PROFESIONAL

Septiembre de 19..	*Enfermera suplente* *Hospital de Clínicas, Unidad de Cuidados Intensivos* *Área de neurología y traumatología*
Julio de 19..	*Ayudante de enfermera* *Sanatorio Español, Montevideo* *Tareas de rutina en el Departamento de Oncología*

EXPERIENCE

Director of the Lerma Branch of DOMI Ingeniería

- Manage and coordinate 90 engineers and administrative staff of 15
- Contract with private industry for the development of specialized scientific or technical software
- Expanded activities in Lerma region, leading to the creation of 3 new agencies
- Increased turnover from 1989 to 1992 from $14 to $40 millions.

EXPERIENCIA PROFESIONAL

Director de la sucursal Lerma de DOMI Ingeniería

- *Administración y coordinación de 90 ingenieros y 15 oficinistas.*
- *Establecimiento de contratos con la industria privada para el desarrollo de software científico y técnico especializado.*
- *Ampliación de las actividades en la región del Lerma, lo que condujo a la apertura de tres nuevas sucursales.*
- *Aumento del volumen de ventas de 14 a 40 millones de dólares.*

FIELDS OF SECRETARIAL EXPERIENCE

import-export	Assistant in import-export at Carbón Colombiano: one year

- assured follow-up in export department
- managed telephone contacts with branch offices throughout Spanish-speaking America
- took care of travel arrangements for a staff of 15

EXPERIENCIA COMO SECRETARIA

importación-exportación	*Asistente en el área de importaciones-exportaciones en Carbón Colombiano: un año*

- *seguimiento de los expedientes del departamento de exportación*
- *contactos telefónicos con las oficinas comerciales de América hispanohablante*
- *organización de los viajes de 15 empleados*

INTERNSHIPS

Summer 1991	Assistant to Project Manager, RENZO Automóviles, Argentinian branch Zenith project for the restructuration of automobile distribution in Argentina

- elaborated specifications for software and hardware for computer application
- determined specifications
- planned and set up user-training program

PRÁCTICAS

Verano de 1991	*Asistente del director de proyecto, RENZO Automóviles, Argentina* *Proyecto Zenith para la reestructuración y distribución de automóviles en Argentina*

- *actualización del software y hardware para aplicaciones específicas*
- *determinación de las especificaciones*
- *organización y puesta en práctica del programa para la capacitación de usuarios*

EXPERIENCE

<u>**Regional Director of a Food Service Company**</u> **1985-1989**

Expanded activities from 30 clients in 1984 to 100 in 1989

- **reorganized activities by product sector, installing 5 sector managers**
- **established commission system for sales teams**
- **organized quarterly training sessions to improve communication skills**

Negotiated contracts with public and private sectors

EXPERIENCIA PROFESIONAL

<u>*Director regional de una empresa de servicios a comedores*</u> *1985-1989*

Ampliación de las actividades, de 30 clientes en 1984 a 100 en 1989

- *reorganicé las actividades del sector de productos, nombrando cinco responsables de sector*
- *establecí un sistema de comisiones para los vendedores*
- *organicé reuniones de capacitación trimestrales para mejorar las habilidades de comunicación*

Negocié contratos tanto con empresas del sector privado como con oficinas gubernamentales

---

EXPERIENCE	**ACCOMPLISHMENT**
• **supply production departments with packaging**	• **negotiated excellent conditions with suppliers:**
• **supply marketing departments with printed material, promotional items**	**high quality materials** **short delays** **low costs**

EXPERIENCIA	*LOGROS*
• *abastecí al departamento de producción con empaques*	• *negocié excelentes condiciones con los proveedores:*
• *suministré al departamento de mercadotecnia folletos y muestras publicitarias*	*materiales de alta calidad* *plazos cortos* *costos razonables*

NOMBRES DE PUESTOS	TITLES OF JOBS
investigadores	**researchers**

actividades de investigación	**research activities**
científico (adjetivo)	**scientific**
científico (sustantivo)	**a scientist**
científicos en (Laboratorios X)	**scientists at (X Laboratories)**
cooperación con	**cooperation with**
en colaboración con	**in collaboration with**
equipo de investigación	**a team from (BGR) research**
- amplia investigación	**- extensive research**
- investigación profunda	**- in-depth research**
investigador	**a researcher**
proyecto de la empresa X	**a collaborative effort between**
conjuntamente con el	**X Corp. and the department**
departamento de (informática)	**of (computer engineering)**
temas de investigación	**research interest**

ingenieros y ejecutivos	**engineers and executives**
(técnicos y de negocios)	**(technical and business)**

egresado de	**a graduate of...**
especialización en...	**specialization in...**
especializado en...	**specialized in...**
ingeniero (técnico)	**engineer (technical)**
ingeniero civil	**civil engineer**
ingeniero contratista	**contracts engineer**
ingeniero en técnicas aplicadas	**applications engineer**
ingeniero de comunicaciones	**communications engineer**
ingeniero de diseño	**design engineer**
ingeniero de obras	**building and facilities engineer**
ingeniero de planeación	**planning engineer**
ingeniero de producción	**production engineer**
ingeniero de proyecto	**project engineer**
ingeniero de transportes	**transport engineer**
ingeniero de transportes y equipo	**transportation and equipment engineer**
ingeniero de ventas	**sales engineer**
ingeniero electricista	**electrical engineer**
ingeniero en computación	**computer engineer**
ingeniero en electrónica	**electronics engineer**
ingeniero en instrumentación	**instrumentation engineer**

ingeniero mecánico	**mechanical engineer**
ingeniero meteorólogo	**meteorological engineer**
ingeniero de obras	**site support engineer**
ingeniero químico	**chemical engineer**
jefe de ingenieros	**chief engineer**
supervisor	**supervisor**
ejecutivo de negocios	**business executive**
asesor de relaciones públicas	**PR consultancy**
auditor de finanzas	**financial controler/auditor**
ayudante de contador	**accounts assistant**
contador público	**certified public accountant (CPA)**
departamento de auditoría interna	**audit Section of a company**
departamento de contabilidad	**accounts department**
departamento de mantenimiento	**maintenance department**
director/gerente de ventas	**sales executive**
empleado (de oficina)	**clerk**
gerente de relaciones públicas	**PR manager**
jefe de auditores	**principal auditor**
jefe de contabilidad, contador mayor	**senior accountant**
relaciones públicas	**PR = public relations**
subdirector de finanzas	**finance officer**
TIPO DE PUESTO	**TYPE OF WORK**
puesto de dirección	**management position**
asistente de	**assistant to...**
asistente del jefe de proyecto	**assistant project manager**
codirector	**comanager**
director de contabilidad	**accounts manager**
director de	**director for**
director de finanzas	**finance manager**
director de mercadotecnia	**marketing manager**
director de operaciones	**operations manager**
director de relaciones con los clientes	**customer relations manager**
director de ventas	**sales manager**
director/gerente de recursos humanos	**human resources manager**
ejecutivo de finanzas	**senior financial executive**
gerente de contratos técnicos	**contracts technical manager**
gerente de personal	**personnel manager**

100

jefe (de departamento)	**head (of department)**
jefe de proyecto	**project manager**
responsable de...	**responsible for..., in charge of...**

dirección/administración	**management**

consejo de administración	**board of directors**
dirección general	**senior management, headquarters management**
director general	**general Manager**
adjunto	**assistant general manager**
en jefe	**chief general director**
directores	**board of directors**
enlace del vicepresidente	**assistant vice-president of**
presidente	**president/chairman**
presidente del consejo de administración	**chairman of the Board**
presidente honorario	**honorary chairman**
presidente y director general	**CEO = chief executive officer**
responsable de relaciones industriales	**industrial relations officer**
subdirector general	**assistant general director**
vicepresidente-director general	**deputy chief executive**
vicepresidente/director	**vice-president for (engineering and technology at X company)**

áreas y departamentos	**fields and departments**

administración de la calidad	**quality administration**
administración de personal	**personnel management**
administración de recursos	**resource management**
administración de recursos humanos	**human resources administration**
administración del control de calidad	**quality control management**
ambiente de procesos de alta tecnología	**technology driven process environment**
asesoría (actividad de)	**counseling**
asesoría (actividad de)	**consultancy**
capacitación de personal	**staff training and development**
conocimiento del producto	**product knowledge**
contabilidad	**bookkeeping**
contabilidad	**accounting**
contabilidad (departamento de)	**accounting department**
control de procedimientos y programas	**process and program control**

departamento de auditoría interna	**auditing department**
departamento de investigación	**research department**
departamento de mercadotecnia	**marketing department**
desarrollo (fomento, perfeccionamiento, etc.)	**development**
desarrollo, elaboración de programas	**program development**
dirección de proyecto	**project management**
dirección y supervisión	**management and supervision**
dirección/administración	**management**
dirección/administración financiera	**financial management**
diseño/proyectos	**design**
educación continua	**continuing education**
evaluación	**evaluation**
fabricación	**manufacture/manufacturing**
oficina de enlace	**liaison (office)**
preparación	**run-up**
procedimientos (químicos)	**(chemical) processes**
puesta en práctica implantación, aplicación	**implementation**
relaciones con el cliente	**client relations**
relaciones públicas	**public relations**
resolución de problemas de producción (actividad)	**production problem solving (activity)**
tecnología de punta	**leading edge technology**

áreas clave de trabajo	**key areas of work**

departamento de ventas	**sales department**
descripción del puesto	**the position**
preparación	**qualifications**
DIRIGIR, LIDERAR, SUPERVISAR	**DIRECTING, LEADING, SUPERVISING**
asegurar/proporcionar la dirección técnica y la coordinación de un proyecto	**to provide technical leadership and coordination (of a project)**
controlar, supervisar	**to monitor, to control**
controlar el avance, la evolución de un (proyecto)	**to monitor the progress of a project**
dirigir	**to manage, to lead**

dirigir y controlar la expansión planeada	**to manage and control (planned future expansion)**
elaborar las directrices de una (participación)	**to develop guidelines for (participation)**
fundar (un grupo, una división)	**to found**
liderar (un equipo)	**to lead (a team)**
planear y supervisar con eficacia	**to plan and monitor effectively**
poner en práctica (un plan de acción)	**to implement (a scheme)**
seguir los avances (de un proyecto)	**to monitor the progress of**
ser punta de lanza	**to spearhead**
supervisar	**to oversee, to monitor**
supervisar el panorama general/ todos los aspectos de un proyecto	**to oversee all facets/all aspects of (a project)**
supervisar la instalación (de equipo)/las actividades de	**to supervise installation of (equipment)/the activities of...**
supervisar un equipo de X empleados	**to supervise a staff of X employees**
vigilar (la preparación)	**to oversee (the run-up of...)**

TENER LA RESPONSABILIDAD DE	**BEING RESPONSIBLE FOR**
asumir toda la responsabilidad (de las normas de mantenimiento de...)	**to carry full responsibility for (the maintenance standards of...)**
hacerse cargo de (todos los aspectos de la instalación y todas las etapas hasta la producción)	**to take charge of (all aspects of installation, commissioning, and run-up to full production)**
reportar ante (alguien/la dirección) de (la preparación y aplicación de...)	**to be responsible <u>to</u> (someone/ the board) <u>for</u> (the preparation and implementation of...)**
ser responsable de la puesta en práctica	**to be responsible for (ensuring) the implementation of a project**

METAS/OBJETIVOS Y ESTRATEGIAS	**GOALS AND STRATEGIES**
a corto plazo	**short-term**
a mediano plazo	**medium-term**
aclarar los objetivos a corto plazo de una empresa	**to clarify a company's short-term objectives**
aconsejar a la administración sobre las estrategias de mercadotecnia por adoptar	**to advise management on (marketing) strategies**

concentrarse en	**to focus on...**
cumplir los objetivos	**to achieve/to accomplish objectives**
definir metas y objetivos	**to define goals and objectives**
definir una política	**to define a policy**
determinar los objetivos	**to set goals**
elaborar una política para	**to develop a policy for...**
escoger una estrategia	**to choose a strategy**
establecer los objetivos	**to set objectives**
estrategia de largo plazo	**a long-term strategy**
estratégico	**strategic**
explorar diferentes opciones	**to explore various options**
inventar soluciones originales	**to devise creative solutions to...**
promover	**to promote**
resolver los problemas	**to overcome problems, to gain control over difficult problems**

DISEÑAR Y CREAR	**DESIGNING, CREATING**
a contracorriente	**upstream**
crear	**to create, to generate**
diseñar, concebir	**to design**
empezar, arrancar	**to start up**
imaginar nuevos métodos	**to devise new methods of...**
- para ahorrar dinero	**- cost-effective methods**
- para ahorrar tiempo	**- time-saving methods**
innovar	**to innovate, to generate innovations**
inventar	**to invent**
lanzar (un producto, una campaña)	**to launch**
nacimiento (dar a luz)	**to give birth to**
origen (ser el origen de), ser pionero	**to initiate, to pioneer**
pionero	**a pioneer**
poner en práctica, aplicar, implantar	**to develop, to set up**

REALIZAR INVESTIGACIONES	**CONDUCTING RESEARCH**
aplicar	**to develop**
concebir, diseñar	**to design**
demostrar	**to demonstrate**
desarrollar	**to develop**
dirigir un programa de investigación	**to lead a research program**
dominar (una técnica, un sistema)	**to master (techniques/systems)**

evaluar	**to assess**
evaluar	**to evaluate, to assess**
evaluar la viabilidad de...	**to appraise the feasibility**
investigar, estudiar	**to investigate, to study**
llevar a cabo	**to carry out**
llevar a cabo un estudio, experimento	**to conduct a study/an experiment**
llevar a cabo, realizar (una investigación)	**to carry out**
medir la eficacia de	**to assess the efficiency of...**
poner en práctica, implantar	**to implement**
realizar	**to conduct, to perform**
realizar una investigación sobre	**to conduct research on**
verificar	**to verify**
COORDINAR, COOPERAR	**COORDINATING, COOPERATING**
apoyar	**to support**
armar equipos de trabajo	**to build work teams**
armar un equipo unido y eficaz	**to build a cohesive and effective team**
asegurar el enlace entre	**to act as liaison between...** **to interface with...**
cooperar con	**to cooperate with**
coordinar	**to coordinate**
desarrollar nuevas oportunidades de negocios	**to develop new business opportunities**
desarrollar una sólida red de contactos con (el personal)	**to develop strong liaison network with (staff)**
dirigir y mejorar las relaciones entre dos empresas	**to manage and enhance the relationship between two organizations**
organizar una unidad en equipos	**to organize a unit into teams**
participar en un programa de investigación y desarrollo y guiar sus avances	**to participate in and guide the technical progress of an R-D program**
trabajar en armonía con/en colaboración estrecha con	**to work closely with**
EXPANDERSE, FORTALECERSE	**EXPANDING, STRENGTHENING**
adquisiciones/inversiones	**the acquisition of.../investments**
ampliar las actividades de la empresa	**to expand the company's activities**

apoyar los esfuerzos con un programa adecuado de investigación y desarrollo	**to sustain the efforts by an appropriate R-D programme**
asegurar la expansión de	**to assure the expansion of**
aumentar la eficacia y el rendimiento de...	**to develop effectiveness and efficiency in...**
aumentar la productividad en (12%)	**to increase productivity by (12%)**
consolidar la posición (de la empresa) gracias a inversiones	**to consolidate a position through investments**
escala (a gran)	**full-scale**
invertir fuerte	**to invest heavily**
invertir siempre en un sector	**to invest evenly in a sector**
lograr la máxima eficacia	**to maximize effectiveness**
mantener la posición de líder en un sector	**to maintain the leading position in a sector**
mantener la progresión	**to maintain progression**
mejorar	**to improve**
mejorar los procesos de	**to upgrade (x) procedures**
modernizar	**to streamline, to modernize**
motivar y dirigir con eficacia equipos (de ventas)	**to effectively motivate and manage (sales) teams**
permanecer en la vanguardia en innovación	**to stay in the forefront of innovation**
reforzar la posición	**to reinforce the position**
reforzar las operaciones existentes	**to strengthen existing operations**
restaurar la eficacia en (el departamento de...)	**to restore efficiency in (department of...)**
valorar/elevar la capacidad	**to raise the competence of (people)**
EVALUAR	**EVALUATING, ASSESSING**
aconsejar	**to advise on, to counsel**
asesorar, dar asesoría especializada	**to give specialist advice**
definir	**to define**
evaluar (resultados, necesidades)	**to evaluate, to assess (needs, results)**
preparar	**to prepare**
realizar, llevar a cabo auditorías/auditar	**to carry out audits/to conduct audits/to audit**
responder a (las necesidades)	**to respond to (the needs)**

NEGOCIAR Y FIJAR CONTRATOS	**NEGOTIATING AND CONTRACTING**
contratar, tener contratos con (laboratorios)	**to contract with (laboratories)**
identificar y reclutar a los contratistas	**to identify and recruit contractors**
llevar negociaciones con	**to handle negotiations with**
negociar contratos con	**to negotiate contracts with**
obtener contratos con	**to obtain contracts with**
ADMINISTRACIÓN DEL PRESUPUESTO	**BUDGET MANAGING**
administrar un presupuesto anual de un millón de dólares	**to manage a $1 million annual budget**
administrar un presupuesto de 5 millones de dólares	**to administer a $5 million budget**
evaluar/calcular los recursos financieros	**to assess the financial resources**
pronosticar las necesidades financieras de largo plazo	**to forecast long-term financial needs**
vigilar un presupuesto de 4 millones de dólares	**to oversee a $4 million budget**
técnicas de mercadotecnia	**marketing techniques**
aumentar la base de clientes en 20%	**to expand customer base by 20%**
consultar a los clientes para...	**to consult with clients to...**
crear una base de clientes	**to build a client base**
desarrollar una base de clientes mediante contactos de negocios con...	**to develop an extensive client base through business contacts with...**
establecer una red de profesionales	**to build a network of professionals**
evaluar los deseos y las necesidades	**to assess the wants and needs**
hacer análisis de mercado y encuestas	**to conduct market analyses and surveys**
hacer visitas de campo	**to make field visits**
poner en práctica una exitosa campaña de mercadotecnia	**to implement a successful marketing campaign**
RECURSOS HUMANOS	**HUMAN RESOURCES**
contratar	**to hire**
dar consejos sobre el desarrollo de una carrera	**to advise on career development**

elaborar y aplicar políticas (de personal)	**to design and implement (personnel) policies**
entrevistar	**to interview**
evaluar el desempeño individual de trabajo	**to evaluate individual work performances**
evaluar las habilidades de los aspirantes para puestos como...	**to assess the skills of applicants for positions as...**
reclutamiento/contratación	**recruitment**
reclutar/contratar	**to recruit**
seleccionar	**to select**
separar/filtrar aspirantes para los puestos de...	**to screen applicants for positions in...**
ser mediador en conflictos entre (el personal y los clientes)	**to mediate conflicts between (staff and clients)**
ser mediador en conflictos entre los miembros del personal	**to mediate conflicts among staff members**
CAPACITACIÓN DE PERSONAL/ EDUCACIÓN CONTINUA	**PERSONNEL TRAINING**
aconsejar	**to advise s.o. on, to counsel**
aplicar programas para (identificar y conducir...)	**to develop training programs for (identifying and managing...)**
apoyo	**assistance, support**
arrancar/iniciar	**to initiate**
capacitación en el campo	**field training missions**
capacitar al personal en (técnicas de venta)	**to train personnel in (sales techniques)**
conducir, encabezar	**to lead**
construir/desarrollar	**to build up**
coordinar la capacitación del personal	**to coordinate training for personnel**
dar seguimiento a	**to follow up**
dirigir las sesiones de capacitación del (personal)	**to conduct training sessions for (personnel)**
efectivo	**effective**
elaborar	**to design**
establecer	**to establish**
intensivo	**intensive**
introducir	**to introduce**
mejorar la calidad de la capacitación del personal	**to upgrade quality of training of personnel**

organizar	**to organize**
organizar (un seminario)	**to build up, to establish, to organize**
planear	**to plan**
programa de capacitación	**training program**
programa de evaluación	**evaluation program**

Personal de oficina y secretarias	**Office Personnel and Secretaries**

ABREVIATURAS ÚTILES	**USEFUL ABBREVIATIONS**
director general	**Exec. Director (= Executive Director)**
médico, doctor (en medicina)	**MD (= medical doctor)**
relaciones públicas	**PR/public relations**
empresa de relaciones públicas	**PR Company**
director de relaciones públicas	**PR Manager**
secretaria, asistente	**PA/Personal Assistant - PA Secretary**
sede	**HQ/headquarters**
50 palabras por minuto	**50 w.p.m. (= 50 words per minute)**
buen manejo de procesadores de texto	**WP skills (= Word Processing)**
por año	**p.a. (per annum)**
un (trabajador) temporal	**a temp. (= a temporary worker)**

DESCRIPCIÓN DEL PUESTO	**DESCRIPTION OF RESPONSIBILITIES**
administrar la carga de trabajo	**to manage a complex workload**
administrar un presupuesto	**to handle a budget**
encargarse de los arreglos para los viajes	**to organize travel arrangements**
establecer prioridades	**to prioritize**
estar familiarizado con las técnicas de los procesadores de texto	**to be familiar with word-processing techniques**
llevar la agenda del director	**to organize the manager's diary**
manejar las relaciones con	**to liaise with**
manejar las relaciones internacionales	**to handle international liaison**
manejar los contactos con	**to handle contacts with**
mecanografiar	**to type**
organizar seminarios	**to handle seminars**

109

proporcionar apoyo para todo el trabajo secretarial	**to provide full secretarial support**
responder el teléfono	**to answer the telephone**
trabajar con calendario apretado	**to work to deadlines**
trabajar con plazos reducidos	**to work to tight schedules**

COMPAÑÍAS, EMPRESAS	**COMPANIES**

tipo de compañía, de empresa	**type of company**

agrupamiento	**grouping**
ascender (ascender a)	**to total (ex.: sales totalled $2M)**
comercializadora	**marketer of**
compañía asociada	**associate company**
corporación	**corporation**
corporación internacional	**international corporation**
desarrollo del producto	**product development**
división (división de investigación, de productos)/departamento	**division (research division/ products division)**
emplazamiento, sitio	**location**
empresa	**firm**
empresa afiliada	**related company**
empresa de un grupo	**operating company/group company**
empresa filial	**affiliate company**
empresa originaria, casa matriz	**parent company**
empresa privada	**private-sector company**
empresa pública	**state-owned company**
fábrica	**production center/facility/site**
fabricante de	**manufacturer of**
filial, subsidiaria	**subsidiary**
grupo industrial	**industrial group**
grupo industrial multinacional	**multinational industrial group**
investigación básica e investigación aplicada	**basic and applied research**
investigación y desarrollo	**research and development**
nacional	**national**
nacionalizar	**to nationalize**
oficina de ventas regional	**regional sales office**
oficina matriz, sede central	**headquarters/head office**
privatizar	**to privatize**
proveedor (de un producto)	**supplier of (a product) to**

sociedad	**partnership**
socio	**partner**
sucursal	**branch**
unidad de producción	**production unit**
ACTIVIDADES	**ACTIVITIES**
abastecer	**to supply with, to provide**
abastecer, suministrar	**to supply (clients) with, to provide**
apoyo	**aid, assistance**
comercializar, vender	**to market**
comerciar, comercializar	**to trade**
comprar	**to buy**
concebir, elaborar, diseñar	**to design**
crear	**to create**
dar mantenimiento	**to maintain**
equipar	**to equip**
especializar(se)	**to specialize in**
expansión (estar en)	**to expand**
experiencia	**expertise, know-how**
explotar, utilizar, desarrollar (una fábrica, un comercio)	**to operate**
exportar	**to export**
fabricar	**to manufacture, to fabricate**
fácil de usar (máquina)	**user-friendly**
gama, línea de productos	**product line**
importar	**to import**
innovar	**to innovate - to generate innovations**
inspección tecnológica	**technological survey**
integrar	**to integrate**
interés (tener) en	**to have interests in**
mantenimiento	**maintenance**
mejorar	**to improve**
operar, manejar	**to operate**
originar	**to initiate**
producir	**to produce**
promover	**to promote**
proporcionar asistencia (técnica) a los clientes	**to provide (technical) support to customer**
punto de trabajo (en una red de computación)	**workstation**

111

red	**network**
servicio eficaz (ofrecer un)	**responsive service (to provide)**
sofisticado, de alta tecnología (sistema, equipo)	**sophisticated**
asistencia (técnica, secretarial)	**support**
transferencia (de tecnología)	**(technological) transfer**
vender	**to sell**
viabilidad	**feasibility**
TAMAÑO, RANGO, DINAMISMO	**SIZE, RANK, DYNAMISM**
acción/título	**share**
accionista	**shareholder**
asalariado, empleado	**employee**
Bolsa de Valores	**stock exchange**
clasificarse (primero, segundo...)	**to rank (first, second...)**
competencia	**competition**
competidor	**competitor**
competir con	**to compete with**
cotizar (en la Bolsa)	**to be listed on (a stock exchange)**
crecimiento	**growth**
de crecimiento rápido (mercado)	**fast-evolving (market)**
empresa de dimensiones internacionales	**a worldwide organization**
en primera categoría	**ranking first in...**
escala mundial (a)	**worldwide**
estrategia	**strategy**
exigencias del mercado	**market requirements**
fábrica	**factory, plant**
famoso por/conocido por	**famous for**
financiar	**to support, to sponsor, to fund**
fusión (de una empresa)	**merger**
ganancia	**profit**
ganancias	**earnings**
ganancias, volumen de ventas	**turnover**
ganar (dinero)	**to earn/to make money**
gastos	**charges, expenses**
impulsar el desarrollo (de)	**to pioneer (the development of)**
inversión	**investment**
invertir	**to invest**
líder en el área de	**a leader in the field of...**
mayorista (venta)	**wholesale** (adj.)

minorista (venta)	**retail**
pequeña y mediana empresa	**small and medium-sized companies SME**
pequeña y mediana industria	**small and medium-sized manufacturing companies**
pérdidas	**losses**
perspectiva	**outlook**
pionero	**a pioneer in the field...**
poseer	**to own**
presencia mundial	**worldwide presence**
primer (productor) mundial de	**the world's leading (producer of)**
primera empresa mundial	**the world's largest (x) company**
primero	**first in..., a leader in..., foremost in...**
proveedor	**supplier**
rango, categoría	**rank**
renombre/fama	**fame**
respecto de	**in terms of...**
responder a las necesidades/ exigencias	**to meet the needs/requirements**
salario, sueldo	**salary, wages**
segundo (en tamaño)	**second-biggest (group)**
tamaño	**size**
tercero (en tamaño)	**third-biggest (group)**
uno de los primeros...	**a leading (supplier of) - a leader in... top-ranking - ranking first in...**
vanguardia (estar a la)	**to be at the vanguard of, to be at the leading edge of**
vanguardia (sector de)	**leading (sector)**
ventas	**sales**

Función

Esta sección debe mostrar claramente y de la manera más explícita posible un panorama claro del nivel de estudios que usted ha alcanzado. Si usted tiene poca experiencia profesional, la sección irá directamente después de "Objetivo" o "Descripción de capacidades". Si, por el contrario, su experiencia profesional es importante, mencione sus títulos después de la sección "Experiencia profesional".

Consejos

Recuerde que el currículum debe armarse en función del objetivo que usted persiga y que definió al principio.

La importancia de esta sección depende de la experiencia adquirida: cuanta más experiencia tenga, más reducida será la sección.

Tomemos los casos siguientes:

• caso 1: usted todavía es estudiante y se postula para hacer una pasantía o prácticas en una empresa, o para un "trabajo de verano". Lo que está estudiando es lo que le interesa más a su posible empleador, por lo que usted debe mencionar la escuela o universidad a la que pertenece, el año de estudios, así como las *materias* (**subjects**) principales en las que está inscrito. No olvide agregar todos los datos que lo hagan destacar: *buen promedio* (**high grade point average**), *notas* (**grades**) altas en determinadas materias, lugar en la clase (*de los primeros, 5/10%*) (**top 5%/top 10%**) o *premios* (**distinctions**) obtenidos.

EDUCATION	
19.. to present	Political science, UNAM, Mexico
June 19..	Preparatoria (high school diploma) with honors

114

EDUCATION

19.. to present	**Working towards a maestría (equivalent to M.A.) in applied linguistics, Universidad de Salamanca, España**
19..	**Licenciatura (three-year university program) in English language and literature, UNAM, Mexico** • **ranked fifth in a class of 165** • **maintained a grade average of 15.6 out of a possible 20 (class average = 12.2)**

ESTUDIOS REALIZADOS

19..-	*Maestría en preparación (equivalente a...), lingüística aplicada, Universidad de Salamanca, España*
19..	*Licenciatura (programa universitario de tres años), lengua y literatura inglesa, Facultad de Filosofía y Letras, UNAM, México* • *quinto en un grupo de 165* • *promedio de 15.6 sobre 20 (promedio de la clase: 12.2)*

• caso 2: acaba de obtener su diploma o título y se presenta para un empleo. Los estudios todavía constituyen su fortaleza. Por lo tanto, indique de qué se trata su diploma, su especialidad, el nombre de la escuela o universidad. Agregue los elementos que lo hagan ver como un buen aspirante: promedio alto, lugar en la clase, premios obtenidos.

EDUCATION

B.T.S. (two-year technical degree) in store management, June 1991, Escuela de Comercio, Buenos Aires, Argentina
• **graduated second out a class of 123**
• **wrote a 150-page report on store design as part of my end-of-studies project**

115

ESTUDIOS REALIZADOS

Diplomado en administración de tiendas, Escuela de Comercio, Buenos Aires, Argentina
- *segundo en una clase de 123*
- *tesis de 150 páginas sobre la disposición de una tienda como parte de mi proyecto final*

- caso 3: usted tiene cierta *experiencia profesional, adquirida en diversas prácticas* (**on-the-job experience**). Los estudios que hizo ya no son el principal tema de interés. Mencione solamente el/los diploma(s) o título(s) obtenido(s), su área de especialización, así como el nombre de la escuela o de la universidad donde estudió. Ya no mencione el bachillerato.

EDUCATION

- **Doctorate in automatic control. 19.., Escuela Superior de Ingeniería, Instituto Politécnico Nacional, Mexico**
- **Degree in electrical engineering, 19.., Instituto Politécnico Nacional, Mexico**

TÍTULOS OBTENIDOS

- *Doctorado en control automático, 19.., Escuela Superior de Ingeniería, Instituto Politécnico Nacional, México*
- *Licenciatura en ingeniería eléctrica, Instituto Politécnico Nacional, México*

- caso 4: además de títulos y diplomas, usted tiene una formación complementaria relacionada con el objetivo/empleo al que aspira. No dude en mencionar esto en secciones como "**Additional training**", "**Specialized training**" o "**Relevant specialized training**". Puede tratarse de *cursos especializados* (**specialized courses**), *seminarios* o *estancias de formación* (**seminars**), *talleres* de formación (**workshops**) o *programas de estudios en el extranjero* (**overseas study**).

EDUCATION

Licenciatura (equivalent to B.S.) in economics, 1991, Universidad de la República, Montevideo

Additional training:

- **Seminars in marketing and management**
- **Personnel management training courses, problem solving, group dynamics, team building**
- **Technical skills: FORTRAN, BASIC**
- **Intensive language program (English)**

TÍTULOS OBTENIDOS

Licenciatura en economía, 1991, Universidad de la República, Montevideo

Formación complementaria:

- *Seminarios de mercadotecnia y administración*
- *Estancias de formación en administración de personal, resolución de problemas, dinámica de grupos y formación de equipos*
- *Lenguajes de computación: FORTRAN, BASIC*
- *Programa intensivo de idiomas (inglés)*

Para explicar los títulos y diplomas en español en un currículum en inglés

Los establecimientos de enseñanza superior de Estados Unidos y Gran Bretaña son muy autónomos y no existe ningún acuerdo oficial entre los gobiernos correspondientes a países en los que se habla español. La comunidad hispanohablante es muy extensa, ya que abarca no sólo España, sino 20 países de América, el sur de Estados Unidos, etc. Sin embargo, es posible que en algunos casos haya acuerdos entre instituciones educativas de diferentes países. Por lo general, en cada sistema educativo, después de la primaria, la secundaria y el bachillerato, las opciones son carreras técnicas, comerciales o universitarias; estas últimas, a su vez, pueden tener niveles de licenciatura, maestría o doctorado, o diplomados diversos.

Más que buscar un equivalente en inglés de un título o diploma, explique brevemente la naturaleza de su diploma mencionando los elementos siguientes:

REGLAS GENERALES

• duración del programa: **two-year degree**/*diplomado, maestría de dos años*

• nivel o naturaleza del programa: **two-year** TECHNICAL **degree**/*carrera* TÉCNICA *de dos años* - **three-year** UNIVERSITY **degree**/*carrera* UNIVERSITARIA *de tres años (licenciatura)* - **one-year** POSTGRADUATE **degree (GB)**/*programa de* MAESTRÍA O POSGRADO *de un año*

• área de especialización: **two-year technical degree** IN **office technology**/*dos años de especialización técnica en burocracia o administración pública* - **two-year university program** LEADING TO a **degree in computer programming**/*diplomado en computación/ programación, programa de dos años en la universidad*

* Cuidado con la fórmula **two-year degree**. **Year** desempeña el papel de un adjetivo y, por consiguiente, no se pluraliza. ¡No olvide poner el guión!

Para explicar el sistema educativo de su país o la naturaleza exacta de un título o diploma, utilice los folletos que publican los propios establecimientos educativos.

Usted debe mostrar rigor y precisión en la redacción de su currículum. Solamente los profesores o los investigadores especialistas en su área le proporcionarán los términos exactos que se emplean en sus disciplinas. No dude en ponerse en contacto con ellos para obtener el léxico que se relaciona con lo que usted estudió.

ALGUNAS OBSERVACIONES

concurso de oposición = **graduate degree based on nation-wide competitive exam. Gives access to teaching positions in secondary and university systems**

bachillerato, preparatoria = **highschool**

examen de admisión = **nationwide competitive examination for admission to universities and schools**

clases preparatorias = **intensive undergraduate studies to prepare competitive exams for admission to universities and schools**

maestría = **one-year, two-year degree required before doctoral studies, equivalent to M.S./ M.Sc., M.A.**

doctorado = **equivalent to Ph.D.**

doctorado en ciencias = **doctorate in science**

diplomado = **six-month, one-year, two-year program in engineering, politics, economics, etc.**

La sección, una vez redactada, se vería así:

EDUCATION

1990　　　One-year course in import/export techniques and office technology Macintosh, IBM and compatibles (Word, Word Perfect, spreadsheets) Cámara Nacional de Comercio, Buenos Aires

1980　　　Degree in commercial English, British Chamber of Commerce

1979　　　Licenciatura in English (degree awarded after a two-year university program) Universidad of Buenos Aires

---

ESTUDIOS REALIZADOS

1990　　　Diplomado de un año en técnicas de importación/exportación y burocracia, Macintosh, IBM y compatibles (Word, Word Perfect, hojas de cálculo) Cámara Nacional de Comercio, Buenos Aires

1980　　　Diplomado en inglés comercial Cámara de Comercio británica

1979　　　Licenciatura en inglés, Universidad de Buenos Aires

EDUCATION

1989-1992　　Master engineering studies in physics at IPN (Instituto Politécnico Nacional, Mexico) Degree expected: July 1992

1985-1989　　Licence degree in engineering studies at IPN

1985　　　High school diploma with honors

ESTUDIOS REALIZADOS

1989-1992　　Maestría en ingeniería física en el IPN (Instituto Politécnico Nacional, México) Titulación prevista para julio de 1992

1985-1989　　Licenciatura en ingeniería, IPN, México

1985　　　Preparatoria con mención honorífica

Función – Consejos

Esta sección tiene en la actualidad una gran importancia. La mayor parte de las empresas y corporaciones buscan personas que al menos hablen una lengua extranjera. Destaque sus habilidades lingüísticas, ¡pero sobre todo no mienta! No olvide que el currículum es una etapa preparatoria para la entrevista y lo pondrán entre la espada y la pared cuando sea citado por la compañía que lo haya elegido. Tendrá que justificar su "dominio del inglés" o "hablo con fluidez el francés".

Los siguientes son ejemplos de cómo referirse con precisión y honestidad a sus habilidades lingüísticas:

- **bilingual Spanish/English***
  bilingüe español/inglés

Observe el uso de la mayúscula en inglés para los adjetivos gentilicios.

- **fluent English**   *inglés fluido*

Usted es capaz de seguir fácilmente una conversación en inglés, a velocidad normal, y sabe expresarse sin titubear.

- **speak fluent English**
  hablo bien el inglés
- **fluency in English gained from living in England and the USA**
  hablo bien el inglés gracias a haber vivido en Inglaterra y Estados Unidos
- **excellent German**
  excelente práctica/conocimiento del alemán
- **conversational Italian**   *italiano hablado*

Conversational implica que usted puede conversar en una lengua, pero que no la domina lo suficiente para escribirla sin problemas.

- **conversational competence in French**
  capaz de conversar en francés
- **able to converse comfortably in Russian**
  capaz de sostener una conversación en ruso

---

* Decir **bilingual** implica que usted no tiene problemas con ninguna de las dos lenguas, y que se puede comunicar con facilidad sin importar la situación.

- **reading knowledge of German**
  capaz de leer alemán
- **working knowledge of French**
  conocimientos de francés comercial

Además del conocimiento propiamente dicho del idioma, usted puede referirse a lo que sabe de la cultura de un país, de su sensibilidad ante las diferencias culturales, etcétera.

- **developed a strong understanding of (USA)**
  conozco bien (Estados Unidos)
- **extensive background in French culture**
  amplio conocimiento de la cultura francesa
- **firsthand knowledge of cultural differences. Traveled and lived in Asia, Africa**
  conocimiento directo de las diferencias culturales. Viajé y viví en Asia y África
- **familiar with Middle Eastern culture, politics, and economy through study, intensive travel and native residence in the Middle East**
  familiarizado con la cultura, la política y la economía del Cercano Oriente mediante lecturas y varios viajes, así como por haber vivido allá

Finalmente, también puede mencionar viajes para el aprendizaje de idiomas y exámenes de idioma que haya presentado:

- **spent the 19..-19.. school year in the United States as a foreign exchange student**
  durante el año escolar 19..-19.. estuve en Estados Unidos gracias a un intercambio
- **took two one-month intensive language courses in England**
  tomé dos cursos intensivos de inglés de un mes cada uno en Gran Bretaña
- **passed the Cambridge Proficiency Examination* in 19..**
  pasé el examen Cambridge Proficiency en 19..
- **scored 600 on TOEFL** test in March 1992**
  obtuve 600 puntos en el TOEFL en marzo de 1992

---

* Examen británico con dos niveles, **First** y **Proficiency**. Este último supone un muy buen conocimiento de la lengua inglesa.

** TOEFL = Test Of English as a Foreign Language. Examen estadounidense para personas cuya lengua materna no es el inglés. Sirve de indicador a las universidades estadounidenses, que lo exigen a los aspirantes a ingresar en la universidad.

La sección completa, una vez redactada, se vería así:

LANGUAGES

Excellent English
Good knowledge of Italian and Russian

IDIOMAS

Perfecto dominio del inglés
Buen conocimiento del italiano y del ruso

LANGUAGES

English	**Good skills, both written and oral**
	• **one-month intensive course in Great Britain, August 90**
	• **one-month stay in US, September 91**
French	**Fluent**
Spanish/	**Bilingual**
Portuguese	

IDIOMAS

Inglés	*Dominio oral y escrito*
	• *curso intensivo de un mes en Gran Bretaña, agosto de 1990*
	• *estancia de un mes en Estados Unidos, septiembre de 1991*
Francés	*fluido*
Español/	*bilingüe*
portugués	

LANGUAGES

Excellent English
Working knowledge of German

IDIOMAS

Perfecto dominio del inglés
Conocimientos de alemán comercial

Función – Consejos

En esta sección se mencionan las habilidades y los talentos personales que usted ha adquirido o perfeccionado fuera de su trabajo. Se trata de una sección optativa; usted no está obligado a incluirla en su currículum.

Si su experiencia profesional es suficientemente clara y convincente, omita esta sección.

Por el contrario, para un estudiante o un recién egresado sin mucha experiencia profesional es imprescindible, y también interesante, mencionar actividades y, en especial, responsabilidades que se hayan asumido fuera del trabajo estrictamente escolar.

También será útil mostrar que usted consagró parte de su tiempo a *actividades de voluntariado* (**volunteer work**), a *organizaciones de beneficencia* (**charitable organizations**), en especial si la empresa a la que usted busca ingresar tiene fama de contribuir a *obras de caridad* (**charitable causes**) o a la *colectividad* en general tomando parte de *acciones* específicas (**community action**). Si usted ha permanecido alejado del mercado laboral durante cierto tiempo (por ejemplo, una mujer para criar a sus hijos): tal vez perfeccionó sus habilidades sin haber tenido un trabajo remunerado.

De nuevo, recuerde que el currículum es un preludio de la entrevista. Esta sección puede ser un excelente punto de partida durante la entrevista y servirá para "romper el hielo". Mencione sólo las actividades de las cuales desea hablar y de las que pueda dar detalles el día de la entrevista. Evite mencionar cualquier actividad relacionada con política y religión: tal vez su posible empleador no comparta sus opiniones y a usted no le conviene discutir con él.

Finalmente, evite nombrar actividades como "*lectura, música, cine*" (**reading**, **music**, **cinema**): casi todo el mundo lee, escucha música y va al cine. Ninguna de esas actividades lo hará destacar entre los demás aspirantes. En cambio, puede referirse a la música si toca en una orquesta. Tampoco mencione la práctica de algún deporte al menos que haya llegado a un nivel alto o si cree que una excelente condición física sería un aspecto positivo para el empleo al que usted aspira.

En realidad, el problema es saber si las actividades que desea mencionar constituirán un aspecto positivo y aumentarán sus posibilidades de ser citado para una entrevista o si, por el contrario, se considerarán aspectos negativos.

Por ejemplo, algunas actividades podrían contribuir a dar una imagen que no es la que desea dar. La afición a la lectura, a la filatelia o a la música le darán una imagen de persona solitaria.

Principios de redacción

Nos limitaremos a recordarle que escriba en la primera persona del singular, que el sujeto **I**/*yo* no se menciona.

De la misma manera que en la sección **Work experience** (*cf.* p. 83), escoja verbos activos. Los tiempos que deberá emplear son el *pretérito* (**preterite**) si usted ya no practica la actividad en cuestión, o el presente si todavía practica esa actividad.

A) Comience por mencionar la actividad antes de dar datos que fundamenten el valor que usted le da:

> **photography, take and develop my own black and white pictures**
> *fotografía, toma de fotos y revelado en blanco y negro*
> **oil painting, take classes at the local fine arts school, participate in group exhibitions**
> *pintura al óleo, tomé cursos en la escuela de bellas artes de la localidad y participé en exposiciones colectivas*
> **fly fishing, design and tie my own flies**
> *pesca con mosca artificial, diseño y fabrico mis propios cebos*
> **music, play the piano in an amateur jazz band**
> *música, toco el piano en una banda de jazz de aficionados*
> **accomplished piano player**
> *pianista de alto nivel*
> **jogging, participate in several local races**
> *jogging, participo en varias carreras*
> **ranked player in regional tennis association**
> *jugador de tenis clasificado, miembro del club regional*

B) Las actividades de ayuda a la comunidad o trabajo social, *participar, tomar parte* (**to participate in/to take part in**) en la vida de la comunidad, se titulan **community activities**:*

> **raised over 10,000 (pesos, etc.) during the annual campaign for cancer research**
> *logré recolectar más de 10,000 (pesos, etc.) en la campaña anual para la investigación sobre cáncer*
> **set up annual auction to raise money for city hospital**
> *organizo subastas anuales en las que se reúnen fondos para el hospital municipal*
> **do volunteer work at the city library instructing children on how to use library facilities**
> *trabajo voluntario para enseñar a los niños cómo usar las instalaciones de la biblioteca municipal*
> **tutor children in maths at the local community center**
> *doy cursos de matemáticas a un grupo de jóvenes como servicio comunitario*
> **coach a community volley-ball team**
> *entreno al equipo de voleibol del barrio*
> **member of the Parent-Teacher Association at the local school**
> *miembro de la sociedad de padres de familia de la escuela del barrio*
> **member of the Historical Landmark Committee**
> *miembro de la Sociedad de Amigos de los Monumentos Históricos*
> **organized art exhibitions for local artists**
> *organicé exposiciones de arte para artistas locales*

C) Para los estudiantes y recién egresados, mencione las actividades fuera de sus estudios pero relacionadas con la vida universitaria: colóquelas en una sección titulada **Extracurricular activities**.

> **swimming, member of the University swim team**
> *natación, miembro del equipo universitario de natación*
> **archery, instructor at children's summer camps**
> *arquería, instructor en campamentos de verano para niños*
> **chess, participate in several university chess tournaments each year**
> *ajedrez, participo cada año en diversos torneos universitarios*

---

* El vocablo **community** es difícil de traducir al español porque en pocos países de la comunidad hispanohablante existe un equivalente. Aunque escuelas y universidades realizan trabajo social, sus actividades suelen estar asociadas a grupos religiosos o partidos políticos. En general, las bibliotecas municipales son pocas y están muy mal surtidas.

president of the student council
presidente de la asociación de alumnos
initiated and found sponsors for a student exchange between the university of... and...
inicié y conseguí patrocinadores para un programa de intercambio de estudiantes entre la universidad de... y la de...
headed up a 10-member committee to establish contacts between the university and local industry
presidí un comité de 10 miembros que establecía contactos entre la universidad y la industria local
manager of the Tomate Junior Enterprise during the 19..-19.. schoolyear. Generated over 500,000 (pesos, etc.) in contracts
dirigí la Júnior Empresa del Tomate durante el año escolar 19..-19.. Se obtuvieron más de 500,000 (pesos, etc.) en contratos
student representative on the administrative council. Prepared a survey on school alumni and their occupations
delegado de los estudiantes al consejo de administración. Preparé una encuesta sobre los ex alumnos y sus ocupaciones
elected representative to Student Council on European Exchanges
delegado elegido de la Asamblea de estudiantes para los intercambios europeos

D) Finalmente, también puede mencionar *actividades relacionadas* que usted realiza fuera de sus ocupaciones profesionales pero que están estrechamente ligadas a ellas. Titule esta sección **Related activities**.

do consulting on patents
asesor de patentes
teach a course in accounting at Stewart College
enseño contabilidad en el Stewart College
give lectures on staff management at the Iberoamericana University
doy conferencias en administración de personal en la Universidad Iberoamericana

Las palabras y expresiones siguientes le serán útiles para redactar esta sección (usted también podrá consultar la lista de verbos de la sección **Work experience** de la página 90, así como el léxico al final de esa misma sección).

activamente	**actively**
actividad destinada a reunir fondos	**fund-raising activity**
aficionado	**amateur** (adjetivo y sustantivo)
colaborar con... para...	**to collaborate with... to... to assist someone in V+ing**
comité	**committee**
comprometerse a	**to commit oneself to...**
consejo (asociación)	**council**
coordinar	**to coordinate**
dar cursos de...	**to teach courses on...**
de beneficencia	**charitable (organization)**
dedicar (tiempo) a	**to devote (time) to**
delegado	**a representative**
elegido (ser elegido)	**to be elected**
gustar hacer algo	**to enjoy doing something**
iniciar/diseñar	**to initiate (an activity) to design (a project)**
instructor	**instructor**
junta de consejo	**board**
miembro de	**member of**
ofrecerse de voluntario para (un trabajo)	**to volunteer for (a job)**
organización	**organization**
organizar	**to organize**
papel/desempeñar un papel clave	**to play an important/a key role in...**
participación	**involvement in**
participar en	**to participate in... to take part in... to be involved in...**
presidente	**president/chairman**
representante	**a representative**
responsable de/a cargo de	**to be responsible for... to be in charge of...**
voluntariado	**volunteer work**
voluntario (sustantivo)	**a volunteer**

La sección completa quedaría redactada así:

EXTRACURRICULAR ACTIVITIES

Travel   **Extensive travel in Europe**
Trips to Brazil, Morocco, and the United States

Sports   **Skiing and jogging**

ACTIVIDADES DIVERSAS

Viajes   *Muchos viajes a Europa*
Viajes cortos a Brasil, Marruecos y Estados Unidos

Deportes   *Esquí y jogging*

EXTRACURRICULAR ACTIVITIES

Junior Enterprise: elected president of the Colombian branch of Junior Enterprise (turnover: $100,000)
• **managed local branch**
• **prospected for clients**
Market study for the maintenance of electronic systems
Student government: student representative on administrative board

ACTIVIDADES DIVERSAS

Empresa Júnior: electo presidente de la sucursal colombiana (ganancias de 100,000 dólares)
• *dirigí la sucursal local*
• *busqué nuevos clientes*
Realización de un estudio de mercado sobre el mantenimiento de sistemas electrónicos.
Asociación de estudiantes: representante de los alumnos en el consejo de administración.

INTERESTS AND ACTIVITIES

• **raised over 100,000 (pesos, etc.) for cancer research as group leader in community campaign**
• **amateur lepidopterist = have collected and classified over 100 species of butterflies**

INTERESES Y ACTIVIDADES

• *como jefe de grupo en una campaña local, reuní más de 100,000 (pesos, etc.) para la investigación sobre el cáncer*
• *coleccionista de mariposas = he coleccionado y clasificado más de 100 especies de mariposas*

129

---

comunicación escrita y oral / **communication skills**

La capacidad de comunicar es actualmente un criterio de selección determinante en muchos empleos. Si usted tiene experiencia o habilidades en esa área, menciónelas. Su capacidad para hacer una exposición oral, redactar un informe o un folleto de presentación, o incluso animar u organizar reuniones, son cualidades complementarias que lo harán destacar entre los demás.

Para redactar esta sección, recuerde que el sujeto **I**/*yo* no se menciona, que se eliden los artículos y que deberá utilizar tanto el pretérito (actividad terminada, parte de una experiencia pasada) como el presente (si la actividad está vigente en el momento de redactar su currículum).

A) Usted está acostumbrado a dirigirse a un público y hacer discursos o exposiciones orales:

make presentations to officials/ *hago presentaciones ante la directiva*
   deliver presentations to...

make small group *hago presentaciones ante pequeños*
   presentations *grupos*

address groups of *hablo ante grupos de hombres de*
   businessmen *negocios*

prepare and deliver briefings *preparo y entrego resúmenes para*
   for sales agents *vendedores*

deliver informational talks *hago discursos de información*
   on... *sobre...*

give lectures on... *doy conferencias sobre...*

B) Usted está acostumbrado a redactar diferentes tipos de documentos:

write briefings to... *redacto resúmenes sobre...*

prepare annual reports on... *redacto informes anuales sobre...*

draft reports on... for... *preparo informes sobre... para...*

file reports on... *archivo informes de...*

prepare clear and effective *preparo comunicados de prensa*
   press releases for... *claros y eficaces para...*

handle media relations *manejo las relaciones con los medios*
   de comunicación

designed and produced brochure for...	*diseñé y elaboré el folleto de...*
wrote and edited newletters on...	*redacté y edité los boletines de información sobre...*
write weekly bulletins	*escribo los boletines semanales*
completed a report on...	*redacté un informe completo sobre...*
authored articles on... (o **author** = *ser el autor de*)	*soy el autor de artículos sobre...*
co-authored guide to	*soy coautor de una guía sobre...*
collaborated on writing and editing manuals and brochures	*colaboré en la redacción y edición de manuales y folletos*

C) Usted tiene alguna experiencia en el área audiovisual:

developed a slide show presentation explaining...	*organicé una presentación con diapositivas para explicar...*
assembled and presented slide show on...	*armé una presentación con diapositivas sobre...*
produced videotape for...	*produje un video para...*
collaborated with X in writing and developing a videotape for use in...	*en colaboración con X, escribí el guión y realicé el video para...*

D) Usted tiene experiencia en la organización y conducción de reuniones:

preside over weekly meetings with...	*presido reuniones semanales con...*
organize and conduct numerous meetings	*con frecuencia, organizo y dirijo reuniones*
plan, schedule and coordinate details of meetings	*planeo reuniones, establezco el calendario y arreglo los detalles*

---

habilidades técnicas / **technical skills**

Se trata principalmente de habilidades específicas y técnicas que se mencionan en relación con el objetivo: el empleador las percibirá como atributos complementarios del aspirante. No se verán todas las variedades de áreas técnicas. Sólo mencionaremos algunas relacionadas con el procesamiento de textos/captura de datos en computadora y lenguajes de computación.

computer literate (adj.)   *dominio de la computadora*
computer literacy
keyboard literacy   *familiarizado con el teclado*
familiar with word processing techniques
manejo de procesadores de texto
familiar with most computer systems and languages
dominio de la mayor parte de los sistemas y lenguajes informáticos
knowledge of programming techniques
conocimiento de técnicas de programación
working knowledge of UNIX system
conocimiento práctico del sistema UNIX
trained in office technology
capacitado en tecnología para oficina

---

publicaciones / **publications**

Usted adjuntará a su currículum una lista de las publicaciones más importantes con el fin de probar su capacidad en determinada área. Por ejemplo, podría tratarse de artículos de investigación, de divulgación, artículos de prensa, obras y manuales. Esta lista será un testimonio, ya sea de sus cualidades como investigador, de su facilidad para escribir, del gusto por la comunicación o de cualidades especiales en didáctica o pedagogía.

Le recordamos que existen normas de presentación bibliográfica y le recomendamos utilizarlas lo más que se pueda en un currículum:

"The industrial property market in northern Spain" in Johnson, R., Wren, W. (ed.). *The Industrial Property Market in Europe*. London: Greene, January 1992.
- Carvajal, A. "Captadores de fibra óptica para moduladores de fase", *Revista de Electricidad*, vol. 120, jul.-sep. 1989, pp. 54-58.
- Woods, S., Rogers, N., Reed, K. *"A comparison of Management Techniques"* Proceedings of the 4th International Conference on Management*, Montreal, Feb. 1990, pp. 45-56.

---

asociaciones, sociedades, grupos / associations, memberships, professional affiliations

Como el espacio de que dispone es limitado, limítese a mencionar las sociedades y asociaciones de las que sea un miembro activo.

member of National Association of University Accountants
miembro de la Asociación Nacional de Contadores Universitarios
participating member of European Association of Electrical Engineers (EAEE)
miembro activo de la Asociación Europea de Ingenieros Electricistas
Mexican Society of Pharmacists
Sociedad Mexicana de Farmacéuticos

---

premios y distinciones / honors, awards

won top award at (X Company) for designing...
máximo premio de la (compañía X) por diseñar...
General Electricity employee of the year, 1989
empleado del año en la Compañía General de Electricidad, 1989
named research engineer of the year by European Association of Electrical Engineers for work in electric storage batteries, 1986
nombrado ingeniero investigador del año por la Sociedad Europea de Ingenieros Electricistas gracias a un trabajo sobre acumuladores eléctricos, 1986
recipient of Rotary Club scholarship for Pacific region, 1990
becario del Club de Rotarios de la zona del Pacífico, 1990

---

referencias / references

Usted jamás deberá proporcionar ninguna referencia personal o profesional en el currículum. Limítese a escribir al final del currículum la siguiente fórmula, sin que sea obligatoria:

references available upon request
o **professional and personal references available on request**

PALABRAS CLAVE PARA ESCRIBIR
UN BUEN CURRÍCULUM

ATRAYENTE Su currículum debe ser atractivo y agradable.

IMAGEN Su currículum debe dar una buena imagen de usted.

EFECTO Su currículum debe influir en el lector.

OBJETIVO Su currículum debe armarse en función de un objetivo bien definido.

POSITIVO Su currículum debe reflejar dinamismo, optimismo y suscitar entusiasmo en el lector.

PRECISIÓN Su currículum debe concentrarse en aspectos precisos, relacionados con el objetivo.

ESTILO Su currículum debe estar redactado con cuidado, con precisión, en un lenguaje correcto.

¡CUIDADO! WARNING!

Los siguientes son currículums que comentamos y tradujimos para que sirvieran de ejemplo:

- lea atentamente la introducción para comprender qué formato se escogió,
- no espere encontrar una traducción literal o palabra por palabra; más bien preste atención a las diferencias de estilo entre una y otra lenguas.

María Luisa Rico Martínez is a fifth-year student in medical school. She would like to obtain a clerkship for next summer in a university hospital in the United States.

- She has chosen a chronological format which is appropriate for a student.
- Her education comes first.
- Student clerkships which are an integral part of her studies are included under "Education" instead of being listed separately. She also lists clerkships that will be completed by the time she arrives in the United States.
- She lists the summer jobs she has had under "Professional Experience" because they are all linked to the medical profession.
- She has mentioned travel under "Extracurricular Activities" to show that she has been abroad before and is able to adapt to foreign countries.

María Luisa Rico Martínez cursa el quinto año de Medicina. Está buscando un trabajo para hacer un internado durante el verano próximo en un hospital universitario de Estados Unidos.

- *Escogió un formato cronológico, el más apropiado para el currículum de un estudiante.*
- *Puso en primer lugar sus estudios.*
- *Las diversas prácticas, que son parte integral de su formación, se mencionan en la sección "Estudios realizados", en lugar de ponerlas en una sección aparte. También menciona las prácticas que habrá concluido cuando llegue a Estados Unidos.*
- *Los trabajos de verano se ubicaron en la sección "Experiencia profesional", pues todos están relacionados con el área de medicina.*
- *En la sección "Actividades diversas", citó los "viajes" para demostrar que ya ha estado en otros países y que es capaz de adaptarse a sus costumbres.*

María Luisa Rico Martínez
Avenida Tlatelolco 33, edificio A-4
México, D.F.
Tel.: (55) 53 34 00 52

ESTUDIOS REALIZADOS

octubre 19..-   Facultad de Medicina de la UNAM
Prácticas Hospitalarias en el Hospital 20 de Noviembre
Neumología   tendrá lugar de abril a junio de 19..
Cardiología   tendrá lugar de enero a marzo de 19..
Traumatología   octubre-diciembre de 19..
Hematología   julio de 19..
Servicio de   abril-junio de 19..
  urgencias
Enfermedades   enero-marzo de 19..
  infecciosas
Pediatría   octubre-diciembre de 19..

EXPERIENCIA PROFESIONAL

julio/agosto   Enfermera suplente
19..   Hospital 20 de Noviembre
          Maternidad y Cuidados Intensivos
septiembre   Enfermera suplente
19..   Centro de Reeducación para Postraumáticos
          Neurología y Traumatología
julio 19..   Enfermera auxiliar
          Hospital 20 de Noviembre trabajo de rutina en
          el área de Oncología

ACTIVIDADES DIVERSAS

Viajes   Varios viajes a Europa, Sudamérica y Estados
          Unidos
Deportes   Natación y jogging

María Luisa Rico Martínez
Avenida Tlatelolco 33, edificio A-4
México, D.F.
Phone.: (55) 53 34 00 52

EDUCATION

October 19.. to present	UNAM, Medical School

Student ckerkships at 20 de Noviembre Hospital

Pneumology	to be completed April-June 19..
Cardiology	to be completed January-March 19..
Trauma Center	October-December 19..
Hematology	July 19..
Emergency Surgery	April-June 19..
Infectious Diseases	January-March 19..
Pediatrics	October-December 19..

PROFESSIONAL EXPERIENCE

July/August 19..	Substitute nurse 20 de Noviembre Hospital Maternity ward and intensive care unit
September 19..	Substitute nurse Trauma Center Neurology and trauma department
July 19..	Nurse's aid 20 de Noviembre Hospital assumed day-to-day responsibilities in oncology department

EXTRACURRICULAR ACTIVITIES

Travel	Extensive travel in Europe, Southamerica and the United States
Sports	Swimming and jogging

Andrés Márquez is a research engineer with a vast experience in both a large government research center and private industry. Although he is not actively seeking a new position, he has written his resume because he would like to develop his activities in consulting. He is also prepared now in case he hears of the perfect managerial position in a large company.

• He has chosen a functional format that allows him to show clearly how his job combines both managerial and scientific aspects.
• He has included a short employment history with dates that allows him to show how he has advanced within his company.
• Because he has vast experience, he can use two pages for his resume.
• The subsection on "Additional education" points out how he has acquired training for new responsibilities and how he has kept up to date on technical advances.
• The section on "Publications" is essential for anyone involved in research.

Andrés Márquez es ingeniero investigador. Tiene una vasta experiencia adquirida tanto en un gran centro de investigación público como en la industria privada. No está buscando un nuevo empleo, pero redactó su currículum porque desea dedicarse también a la asesoría. También está preparado en caso de que se le presente la oportunidad de ocupar un puesto de dirección en una gran empresa.

* *Escogió el formato funcional, que le permite resaltar los dos aspectos de su actividad profesional: administración e investigación.*
* *Incluyó una breve sección "Puestos desempeñados" para mostrar sus ascensos en la compañía para la que trabaja.*
* *Un currículum de dos páginas se justifica porque su experiencia es muy amplia.*
* *La sección "Otros estudios" es muy corta y se encuentra después de su experiencia profesional.*
* *Una subsección "Estudios complementarios" destaca la preparación que recibió para acceder a nuevas responsabilidades y su cuidado constante por mantenerse al corriente respecto a los últimos avances técnicos.*
* *La sección "Publicaciones" es esencial para quienes se dedican a la investigación.*

Andrés MÁRQUEZ

Constitución 3233   tel. personal (33) 5 98 78 80

Buenos Aires, Argentina   tel. oficina (33) 5 78 33 54

Más de 20 años de experiencia tanto en investigación como en administración, en el área de desarrollo de códigos informáticos aplicados a la transferencia térmica y a la transformación de metales. Esta experiencia se adquirió en un gran centro nacional de investigación, en una nueva empresa en expansión y en actividades privadas de asesoría.

EXPERIENCIA PROFESIONAL

Director de la sucursal Buenos Aires de DOMI Ingeniería
- dirijo y coordino la actividad de un grupo de 90 ingenieros y 15 empleados administrativos
- contratos con la industria privada para el desarrollo de software científico o técnico especializado
- amplié las actividades de la sucursal, lo que llevó a la apertura de tres nuevas oficinas
- entre 1989 y 1992 el monto de los negocios pasó de 14 a 40 millones de pesos

Asesor de la industria
- asesoré al productor argentino más importante de aluminio para el desarrollo de software especializado en electrólisis y modelado en el proceso de fabricación de aluminio
- asesoré a Sur Telecom en desarrollos comerciales futuros relacionados con la Red de Investigación Latinoamericana

Miembro de comisiones científicas
Para el Centro Nacional de Investigación Científica y el Ministerio de Educación en las siguientes áreas:
- Modelo computacional de dinámica de fluidos
- Transformación de polímeros
- Transformación de metales

Andrés MÁRQUEZ

Constitución 3233

Buenos Aires, Argentina

Home phone(33) 5 98 78 80

Office (33) 5 78 33 54

Over twenty years of experience at both the research and managerial levels in the development of computer codes for applications in heat transfer and metal processing. Experience gained through activities in large national research center, private consulting and young, fast-growing enterprise.

EXPERIENCE

Director of the Buenos Aires branch of DOMI Ingeniería
- Manage and coordinate 90 engineers and administrative staff of 15
- Contract with private industry for the development of specialized scientific or technical software
- Expanded activities in Buenos Aires, leading to the creation of 3 new agencies
- Increased turnover from 1989 to 1992 from 14 to 40 million pesos

Consultant to industry
- Advise Argentina largest producer of aluminum products on the development of specialized software for electrolysis and moulding in aluminum processing
- Advise Sur Telecom on future commercial developments involving the Latinamerican Research Network

Member of advisory committees
For the National Center for Scientific Research and the Ministry of Education in the fields of:
- Computational Fluid Dynamics
- Polymer Processing
- Metal Processing

141

PUESTOS DESEMPEÑADOS

DOMI Ingeniería

1989-	Director de la sucursal Buenos Aires
1984-1989	Director de la sucursal Jujuy
1979-1984	Jefe del grupo de estudios científicos en Jujuy
1975-1979	Ingeniero investigador

Centro de estudios sobre energía

1971-1975	Ingeniero investigador en el departamento de transferencias térmicas

Universidad de Buenos Aires

1967-1971	Profesor de matemáticas

ESTUDIOS

Títulos

1966	Maestría en análisis numérico
1965	Licenciatura en matemáticas aplicadas

Estudios complementarios

1985-1988	Tres seminarios de una semana en técnicas de administración, Hadley Institute for Human Development
1986	Transformación de metales, curso de verano, University of Pittsburgh
1984	Seminario especializado en el desarrollo reciente de moldes de vaciado de doble fase, ANPT

PUBLICACIONES MÁS IMPORTANTES

1990, *Journal of Polymer Processing*, "Modelling the cooling stage in injection molding of amorphous polymers".

1988, *The Aluminum Survey*, "Aluminum mold filling simulation".

1986, ANPT annual meeting, San Francisco, CA, "A bidimensional model for solving ID 2-phase flow".

1985, *Heat Transfer Journal*, "Thermal field prediction in electronic equipment".

EMPLOYMENT HISTORY

DOMI Ingeniería

1989 to present	Director of Buenos Aires branch
1984 to 1989	Director of Jujuy branch
1979 to 1984	Head of Group for Scientific Studies in Jujuy
1975 to 1979	Research engineer

Centro de estudios sobre energía

1971 to 1975	Research engineer in the heat transfer department

Universidad de Buenos Aires

1967 to 1971	Professor of mathematics

EDUCATION

Degrees

1966	Master Degree
	Specialized post-graduate degree in numerical analysis
1965	Degree in Applied Mathematics
	High School in Applied Mathematics

Additional education

1985 to 1988	Three one-week seminars in management techniques, Hadley Institute for Human Development
1986	Metal processing, special summer session, University of Pittsburgh
1984	Professional workshop in recent developments in two-phase flow modelling, ANPT

MAJOR PUBLICATIONS

1990, *Journal of Polymer Processing*, "Modelling the cooling stage in injection molding of amorphous polymers".

1988, *The Aluminum Survey*, "Aluminum mold filling simulation".

1986, ANPT annual meeting, San Francisco, CA, "A bidimensional model for solving ID 2-phase flows".

1985, *Heat Transfer Journal*, "Thermal field prediction in electronic equipment".

Alicia Vidal Salgado is a secretary with a university degree in languages. She stopped her career to raise two children. Now, after completing a course to up-date her secretarial skills, she has reentered the job market through temporary work. She would like to apply for a permanent position as an executive secretary.

• She has used a functional format. It allows her to emphasize work in a variety of companies where she assumed many tasks. It also allows her to draw attention away from the fact that her work experience is rather sporadic. (She stopped work once to return to school, stopped again with her first child, and stopped once again after her second child.)
• In the "Summary" she ties up the loose ends and explains her "pauses" in a positive light: "to raise and *manage* a family", "to *up-date* my computer skills and *acquire more knowledge*".

Alicia Vidal Salgado es secretaria y posee un diplomado en inglés. Dejó de trabajar para criar a sus dos hijos. Luego de haber seguido un curso para actualizar sus conocimientos secretariales, empezó a trabajar en un empleo temporal. Desea presentar una solicitud para un puesto como secretaria ejecutiva.

- *Escogió un formato funcional. Esto le permite destacar su experiencia en varias empresas en las que desempeñó tareas diversas. También le permite evitar que se vean demasiado las interrupciones en su carrera (la primera vez, para retomar sus estudios; la segunda, para criar a su primer hijo y la tercera, cuando nació su segundo hijo).*
- *En el "Resumen", explica esas interrupciones de manera positiva:*

  to raise and manage a family
  para criar a mis hijos y hacerme cargo de la familia
  to update my computer skills and acquire more knowledge
  para actualizar mis conocimientos de procesadores de texto y adquirir nuevos conocimientos.

Alicia VIDAL SALGADO
Avenida San Juan 23, San Juan, Puerto Rico   (66)23 56 56 13

Objetivo Puesto de secretaria ejecutiva aprovechando mis capacidades organizativas y mis habilidades lingüísticas.

Resumen Después de algunas interrupciones para criar a mis hijos y hacerme cargo de la familia, tomé un curso de un año para actualizar mis conocimientos de computación y adquirir nuevos conocimientos en importación/exportación.

EXPERIENCIA SECRETARIAL

importación-exportación   Asistente en el área de Importación/Exportación en United Carbon, Costa de Marfil, África: 1 año
- di seguimiento a los expedientes de exportación
- responsable de los contactos telefónicos con las sucursales en África angloparlante
- me hice cargo de los arreglos para los viajes de 15 personas

desarrollo de la investigación   Asistente en la Oficina Nacional para el Desarrollo de la Investigación: 2 años
- asesoré a pequeñas empresas para encontrar ayuda financiera
- participé en el establecimiento y seguimiento de contratos

mercadotecnia Secretaria en Olivia, pequeña empresa de asesores en mercadotecnia: 2 años
- administración de archivos de entrevistas y pruebas de productos
- seguimiento de las relaciones con los clientes
- organización de reuniones y redacción de informes

administración   Secretaria administrativa en la Clínica San Juan: 2 años
- manejo del programa de computación para admisiones

ESTUDIOS REALIZADOS

1990   Curso de un año en técnicas de importación/exportación y tecnología burocrática en Macintosh, IBM, PC compatibles (Word, Word Perfect, hojas de cálculo); Cámara de Comercio Internacional, Nueva York

1980   Diplomado en inglés comercial; Cámara de Comercio británica

1979   Diplomado en inglés; Universidad de San Juan

1971   Curso de un año en inglés comercial

1970   Bachillerato

IDIOMAS

Dominio del inglés. Buen conocimiento del italiano y del ruso.

146

Alicia VIDAL SALGADO
Avenida San Juan 23, San Juan, Puerto Rico   **(66)23 56 56 13**

Objective   Executive secretarial position making full use of my organizational and linguistic skills.

Summary   After pauses in my career to raise and manage a family, I took a one-year course to up-date my computer skills and acquire more knowledge in import/export.

FIELDS OF SECRETARIAL EXPERIENCE

import-export   Assistant in import-export at United Carbon, Côte-d'Ivoire, Africa: 1 year
- assured follow-up in export department
- managed telephone contacts with branch offices throughout English-speaking Africa
- took care of travel arrangements for a staff of 15

promotion   Assistant with National Agency for the Development of Research: 2 years

research
- gave assistance to small companies in finding financial backing
- assisted in the writing and follow up of contracts.

marketing   Secretary at Olivia, a small marketing consultant firm: 2 years
- created files for interviews and product tests
- followed up customer relations
- organized and reported on meetings.

administration   Administrative secretary at Clínica San Juan: 2 years
- handled computerized admittance procedures

EDUCATION

1990   One-year course in import/export techniques and office technology Macintosh, IBM and compatibles (Word, Word Perfect, spreadsheets)
International Chamber of Commerce, New York

1980   Degree in commercial English
British Chamber of Commerce

1979   Diplomado en Inglés (degree awarded after two-year university program) Universidad de San Juan

1971   One-year course in business English

1970   Bachillerato (high school diploma)

LANGUAGES

Excellent English. Good knowledge of Italian and Russian

Pablo Gómez Aldama is an engineering student in his third and last year of studies. He has written his resume to apply for an internship with a large computer manufacturing company.

• He has chosen a chronological format.
• Because he is still a student, "Education" comes first, and he puts the date he expects to obtain his degree to show how close he is to graduation.
• He fully develops a previous internship to show experience in the field. To save space, he does not mention other minor internships he has carried out in unrelated fields.
• The section on languages is important. The company he is applying to is a large, international company with divisions throughout Europe. If accepted, he hopes to be assigned to a foreign country.
• With the section on extracurricular activities, he shows examples of how he assumed responsibility and developed organizational skills.
• Although this resume was written to obtain an internship, it could also be used to obtain a first job in the same field.

Pablo Gómez Aldama es un alumno de ingeniería que cursa el tercer y último año de la carrera. Escribió su currículum para solicitar una pasantía o práctica en una gran empresa que fabrica computadoras.

- *Escogió un formato cronológico.*
- *Como todavía es estudiante, la sección "Estudios" está al principio. Él indica la fecha prevista de titulación para mostrar que ya casi terminó sus estudios.*
- *Detalla el contenido de una práctica previa para demostrar su experiencia en el área.*
- *Como el espacio es limitado, no menciona prácticas menos importantes y de otras áreas que no tienen relación con su especialidad.*
- *La sección "Idiomas" es importante. La compañía a la que aspira ingresar es una gran empresa internacional con filiales en toda Europa. Si es aceptado, espera viajar a otros países.*
- *Se refiere a las actividades extracurriculares con ejemplos que testifican su capacidad para asumir responsabilidades y su capacidad organizativa.*
- *A pesar de que el currículum se redactó con el objetivo de hacer una pasantía, también puede utilizarse para obtener su primer empleo en el área de su especialidad.*

Pablo GÓMEZ ALDAMA
Ferrocarriles Nacionales 28,
Santiago de Chile

ESTUDIOS REALIZADOS

1989-1992	Ingeniería en física en la UCCh (Universidad Católica de Chile)
	Titulación: julio de 1992
1987-1989	Ingeniería en computación en la UCCh
1987	Bachillerato con mención honorífica

PASANTÍAS

Verano	Asistente del jefe de proyecto, RENZO
1991	Automóviles, Brasil Proyecto Zenith para la reestructuración de automóviles en Brasil

- elaboración de especificaciones para el software y el hardware en aplicaciones computacionales
- determinación de las especificaciones
- organización y aplicación del programa de formación de usuarios

IDIOMAS

Inglés	Buen dominio oral y escrito

- curso intensivo de un mes en Gran Bretaña, agosto de 1990
- estancia de un mes en Estados Unidos, sep. de 1991

Francés	Fluido
Español/	Bilingüe
Portugués	

OTRAS ACTIVIDADES

Empresa júnior	presidente electo de la sucursal Santiago (Ganancias: 100,000 dólares)

- dirigí la sucursal local
- busqué nuevos clientes

Realización de un estudio de mercado sobre el mantenimiento de sistemas electrónicos

Asociación de Estudiantes:	representante de los estudiantes en el consejo de administración
Otras asociaciones	

- coordinador de la logística y estudiantiles la comunicación en la carrera nacional de vela para estudiantes.

Presupuesto obtenido con patrocinadores: 90,000 dólares

- miembro fundador del Club de Inversiones de la UCCh

150

Pablo GÓMEZ ALDAMA
Ferrocarriles Nacionales 28,
Santiago de Chile

EDUCATION

1989-1992	Engineering studies in physics at UCCh (Universidad Católica de Chile)
	Degree expected: July 1992
1987-1989	Computer engineering studies at UCCh
1987	High school with honors

INTERNSHIPS

Summer	Assistant to project manager, RENZO Automobiles, Brazilian branch
1991	Zenith project for the restructuration of automobile distribution in Brazil

- elaborated specifications for software and hardware for computer application
- determined specifications
- planned and set up user-training program

LANGUAGES

English	Good skills, both written and oral

- one-month intensive course in Great Britain, August 1990
- one-month stay in U.S., September 91

French	Fluent
Spanish/	Bilingual
Portuguese	

EXTRACURRICULAR ACTIVITIES

Junior enterprise	elected president of the Santiago branch Enterprise (Turnover: $100,000)

- Managed local branch
- Prospected for clients

Market study for the maintenance of electronic systems

Student Government:	student representative on administrative board
Student associations:	

- Coordinated the logistics and communications for the Chilean student sailing race

Sponsoring budget: $90,000

- Founding member of the UCCh Investment Club

151

Laura Briseño Carrera is a buyer for a pharmaceutical laboratory in Monterrey. She has worked in this type of position since receiving her degree and likes her work. Her husband has been relocated to Mexico City, and she is sending out her resume to try and find a job there too.

- She has used a combined format and an original layout in two columns: for each task she has assumed in the left-hand column, she associated a particular accomplishment in the right-hand column.
- She has not included an objective on her resume because although she likes working in pharmaceuticals, she will accept a position as a buyer in any branch. An objective of the type "a buyer with a small pharmaceutical laboratory" would be too restrictive.

Laura Briseño Carrera es la responsable de compras en un laboratorio de productos farmacéuticos en Monterrey. Ella siempre ha ocupado este tipo de puestos y le gusta lo que hace. Su marido acaba de ser trasladado a la Ciudad de México. Ella envía su currículum para encontrar trabajo en esa ciudad.

* *Ella escogió un formato mixto y una disposición original, en dos columnas. Para cada trabajo de la columna de la izquierda corresponde un resultado preciso que se colocó en la columna de la derecha.*
* *No indicó el objetivo porque, a pesar de que le gusta la rama farmacéutica, está dispuesta a aceptar un puesto de responsable de compras en cualquier otra área. Un objetivo del tipo "responsable de compras en un pequeño laboratorio farmacéutico" limitaría sus probabilidades de encontrar empleo.*

LAURA BRISEÑO CARRERA

Bernardo Reyes 63, Monterrey   teléfono 3 45 67

Resumen: Más de 10 años de experiencia como compradora para un gran laboratorio farmacéutico.

EXPERIENCIA

- proveer a los departamentos de producción con material de empaque
- proveer a los departamentos de mercadotecnia con folletos y material de promoción
- buscar nuevos proveedores potenciales
- organizar calendarios para proporcionar suministros de acuerdo con las exigencias de la cadena de producción

LOGROS

- negocié excelentes condiciones con los proveedores: materiales de alta calidad, pocos retrasos, costos razonables
- creé una doble red de proveedores potenciales para cada producto (más de 150)
- participé en el desarrollo de programas de computación para la administración de inventarios y comienzo de la producción

EXPERIENCIA LABORAL

- Laboratorio Ponsy, Monterrey, compradora, 1984 hasta ahora
- Farmacéuticas Plinio, Monterrey, asistente de comprador, 1980-1984

ESTUDIOS REALIZADOS

Licenciatura en Negocios por la Escuela de Comercio de Nuevo León, 1980
Educación complementaria en seminarios: administración de inventarios, control de calidad y compras

IDIOMAS

Excelente Inglés
Conocimientos de lenguaje comercial del alemán

ACTIVIDADES DIVERSAS

- reuní más de 100,000 pesos para la investigación del cáncer como jefe de un grupo de una campaña local
- lepidopterista aficionada: recolecté y clasifiqué más de 100 especies de mariposas

154

LAURA BRISEÑO CARRERA

Bernardo Reyes 63, Monterrey   phone 3 45 67

Summary: Over 10 years of experience as a buyer for large pharmaceutical laboratories.

EXPERIENCE
- supply production departments with packaging materials
- supply marketing departments with printed material promotional items
- search for new potential suppliers
- scheduling supplies to meet production-line requirements

ACCOMPLISHMENT
- negotiated excellent conditions with suppliers: high quality materials, short delays, low costs
- created a double net work of suppliers for each product (over 150)
- participated in the development of a computer program to manage stocks and productions start-up

WORK HISTORY
- Ponsy Laboratory, Monterrey, buyer, 1984 to present
- Pharmaceutical Plinio, Monterrey, assistant buyer, 1980-1984

EDUCATION

Degree in business from the Escuela de Comercio of Nuevo León, 1980

Additional education through seminars in: supply management, quality control, and purchasing

LANGUAGES

Excellent English

Working knowledge of German

INTEREST AND ACTIVITIES
- raised over 10,000 pesos for cancer research as group leader in community campaign
- amateur lepidopterist: have collected and classified over 100 species of butterflies

CARACTERÍSTICAS	EXCELENTE	BIEN	SATISFACTORIO	INSUFICIENTE	REHACER
1. Apariencia general					
- agradable, dan ganas de leerlo	5	4	3	2	1
- extensión	5	4	3	2	1
- fácil de leer	5	4	3	2	1
- dispuesto con claridad	5	4	3	2	1
2. Nombre y dirección					
- claramente indicado	5	4	3	2	1
- contiene todos los datos (dirección, teléfono[s])	5	4	3	2	1
3. Objetivo					
- relacionado con el empleo que solicita	5	4	3	2	1
- expresado con claridad	5	4	3	2	1
- resalta mis capacidades	5	4	3	2	1
- extensión	5	4	3	2	
4. Organización					
- secciones bien elegidas, que resaltan mis fortalezas	5	4	3	2	1
- buena disposición de las secciones	5	4	3	2	1
- los aspectos importantes de mi experiencia se ven claramente	5	4	3	2	1
5. Redacción					
- vocabulario preciso	5	4	3	2	1
- gramaticalmente correcto	5	4	3	2	1
- pocas repeticiones	5	4	3	2	1
- frases cortas, verbos de acción	5	4	3	2	1
- puntuación, ortografía	5	4	3	2	1

CAPÍTULO 3

LA CARTA ADJUNTA

La carta adjunta

1. SU PAPEL - EL CONTENIDO

Un currículum jamás debe enviarse solo. Siempre va acompañado de una carta (**cover letter**). ¿Por qué?

1. Función

A) <u>La carta personaliza el currículum. Se dirige a una persona en particular</u>.

El currículum en sí tiene algo de impersonal. El mismo currículum puede enviarse a varias empresas o compañías diferentes que lo analizarán y decidirán si lo van a tomar en cuenta. Si lo envía acompañado de una carta dirigida a una persona específica, su petición revestirá un carácter mucho más personal. De hecho, usted puede escoger a quién le enviará el currículum: no se trata obligatoriamente del jefe de personal o del director o gerente de recursos humanos de una empresa. Puede mandarlo a otro jefe en función del puesto al que aspira. Por ejemplo, si desea ser contratado para el departamento de ventas de una compañía, remita su currículum al jefe de esa área. También puede pedirle a un amigo o conocido que le proporcione los nombres de los directivos a los cuales desea dirigir su currículum.

B) La carta adjunta al currículum le permite <u>llamar la atención sobre alguna de sus capacidades en relación con las necesidades de la empresa</u>. Así, usted dará una respuesta a la pregunta que hacen todos los jefes en una entrevista: "¿Qué cree usted que podrá aportarnos?" "¿Qué cree que podrá hacer por nosotros?"

C) Usted tendrá la posibilidad, en esa carta, de <u>explicar por qué desea ingresar en esa compañía</u>, por qué la escogió, y exponer las características de su trayectoria profesional que lo llevaron a trabajar en esa área en particular.

D) Finalmente, la carta adjunta le permitirá <u>entablar un contacto ulterior con una persona precisa y evitar de alguna manera el anonimato</u>. También podría avisar a esa persona que usted llamará más tarde o que tratará de ponerse en contacto con ella después de cierto tiempo. De esta manera, cuando llame para saber algo acerca de su solicitud, la persona sabrá inmediatamente quién es usted y la llamada será más eficaz.

Consejos antes de redactar su carta

Primero que nada, "haga su tarea". Un trabajo preparatorio es indispensable. Primero, deberá averiguar los nombres de las personas mejor ubicadas en la empresa para recibir y analizar su currículum. Telefonee a la compañía para preguntar por los nombres de los *jefes de departamento* (**department heads**). Haga que le deletreen los apellidos para evitar errores desagradables.

Siga entonces con su "tarea". Debe investigar acerca de la compañía: sus empleados, el monto de sus negocios, la gama de productos que fabrica o los tipos de servicios que ofrece. Averigüe cuáles son sus fortalezas y sus debilidades, cuáles son los sectores en crecimiento. Recuerde que un currículum debe adaptarse a las necesidades del empleador, por lo que usted tiene que seleccionar cuidadosamente los datos que vaya a incluir en su currículum en función de las expectativas del posible empleador a fin de probarle que usted es un excelente aspirante. <u>Usted debe investigar para que su currículum se dirija a la persona más adecuada</u>. Además, debe asegurarse de que la compañía a la que desea ingresar corresponda al tipo de empresa donde desea trabajar.

La carta adjunta

¿Dónde encontrar información?

Nuestro objetivo aquí no es darle consejos o una lista exhausti-va de todos los medios disponibles para llevar a cabo su investiga-ción. Nos limitaremos a señalar algunos de estos recursos.

- <u>La Sección Amarilla</u>:

En ella viene una gran cantidad de empresas de las cuales en-contrará nombres, direcciones, teléfonos.

- <u>Directorios telefónicos zonales</u>, en los que aparecen listas y anun-cios de empresas y comercios en zonas de interés comercial.

- <u>El Registro Nacional de Comercio</u>, en el que se encuentra un fi-chero con todas las empresas registradas en cada país.

- <u>Las Cámaras de Comercio</u>:

Por lo general disponen de archivos con listas de empresas, o pá-ginas electrónicas en Internet en las que pueden obtenerse datos.

- <u>Revistas especializadas en empresas</u>; por ejemplo, Entrepre-neur, cuya dirección electrónica es www.soyentrepreneur.com.

- Bibliotecas de las Escuelas de Comercio o de Negocios.

- <u>Periódicos</u> especializados en finanzas, en los que encontrará comentarios sobre la situación de muchas empresas importantes.

- <u>La propia documentación de la empresa</u> es otra fuente de datos: los folletos publicitarios, los catálogos, cartas y periódicos de comunicación interna. De esta manera usted conseguirá información acerca de su historia, evolución, programas de capacitación, actividades, ganancias, así como sus objetivos estratégicos y sus planes de expansión.

- <u>Las exposiciones o "expos"</u>, además de proporcionar información y muchos folletos, le permiten dirigirse sólo a las empresas que le interesen, ya que por lo general están organizadas por áreas o industrias.

Atención: los ejemplos que están precedidos por el signo @ se adaptaron con el fin de ayudar a los estudiantes a redactar sus solicitudes de pasantías, proyectos de investigación o empleos de verano.

Utilice el mismo papel de buena calidad que empleó para su currículum, a fin de crear una impresión de homogeneidad. Una hoja es suficiente: la carta no debe tener más de 200 palabras. Indique su dirección arriba a la derecha. Sáltese dos líneas y escriba la dirección. Salte otras dos o cuatro líneas y, a partir de la izquierda, escriba el nombre, el puesto y la dirección de la persona a la que está dirigida la carta. Dos líneas más abajo comience la carta propiamente dicha con la fórmula habitual (*véanse* los ejemplos de las pp. 176-177).

Aunque el currículum se parece más a una hoja de datos (por la utilización de frases incompletas de las que se eliminan algunos elementos), la carta adjunta se redacta con oraciones completas.

Usted deberá elegir <u>los tiempos verbales</u> con cuidado y precisión para que sus lectores comprendan fácilmente y sin lugar a dudas *lo que usted hace en la actualidad* (**what you are doing at the moment, presently**), *lo que usted hace en general, habitualmente* (**what you do**), *lo que hizo en el pasado* (**what you did**: ya no lo hace), *lo que hace desde hace un tiempo* (**what you have been doing/what you have done**: todavía lo hace). Encontrará notas explicativas más precisas en este capítulo, pero tenga cuidado de no confundir a su lector por su falta de precisión.

VOCATIVO / **GREETING**

El objetivo es personalizar su carta. Indique el nombre del destinatario desde el principio. Esta práctica está generalizada en los países anglosajones, en los que no es necesario haber conocido a Mr. Smith para empezar la carta con un "**Dear Mr. Smith**", mientras que en los países hispanohablantes no se utilizaría un "Querido...", sino la fórmula "Estimado...".

Por lo tanto, comience su carta con:

Dear Mr.* Smith:
Dear Ms** O'Hara:
Dear Mrs. O'Hara:
Dear Miss O'Hara:

La carta adjunta está formada por cuatro párrafos, y cada uno de ellos representa una etapa en la persecución de los objetivos que usted desea:

- el primer párrafo explica por qué usted escribe;
- el segundo y tercer párrafos destacan sus capacidades personales o las acciones que ha realizado con éxito y que podrían interesarle a la sociedad o empresa que lo contratará;
- en el último párrafo, señale que se comunicará de nuevo. Aunque no sea común en todos los países, en los anglosajones se anuncia al destinatario del currículum que se le llamará más tarde o que le gustaría conocerlo. También es posible que después de haber enviado el currículum usted llame para pedir una entrevista con el encargado de reclutamiento de personal.

---

* Si el destinatario de su carta es estadounidense, ponga un punto (.) después de **Mr** y **Mrs** y, luego del apellido, ponga dos puntos (:).

** El vocablo **Ms** se utiliza ampliamente en las cartas de negocios en Estados Unidos y también está convirtiéndose en práctica habitual en Gran Bretaña. Sirve para traducir tanto *Señora* como *Señorita* y tiene la ventaja de no referirse, en el ámbito profesional, al estado civil de la persona en cuestión.

Se tratará aparte el caso en el que se envía un currículum y su carta adjunta a una empresa que se seleccionó por razones muy concretas (pp. 172-174).

PÁRRAFO 1: comenzará de manera diferente dependiendo de si:
   a) usted responde a un *anuncio, oferta de empleo* (**job ad***) que salió en un periódico
   b) alguien le aconsejó dirigirse a esa empresa
   c) usted envía un currículum como parte de una búsqueda sistemática de empleo @, incluidas las solicitudes de empleos de verano hechas por los estudiantes
   d) usted envía su currículum a un buscador de talentos o a una agencia de empleos

a) Usted responde a un anuncio:

Indique claramente el tipo de puesto al que aspira y dónde y cuándo vio el anuncio.

This is in reply to your advertisement for a pharmaceutical salesperson in *The New York Times*** of March 15, 1992...
En respuesta a su anuncio en el que solicitan un representante de ventas para productos farmacéuticos, publicado en el New York Times *del 15 de marzo de 1992...*
I am writing*** in response to the advertisement for a systems analyst in the May issue of *Computer Systems*...
En respuesta a su anuncio en que pide un especialista en análisis de sistemas, publicado en el número de mayo de la revista Computer Systems...
This letter and attached resume are in response to your advertisement for a chemical engineer in the spring edition of *Chemical Engineering Quarterly*.
Esta carta y el currículum adjunto responden al anuncio en el que solicitan un ingeniero químico, que apareció en la revista trimestral Chemical Engineering Quarterly.

---

*   Observe que **job advertisement** no debe abreviarse **job ad** en la carta adjunta.
**   Los títulos de revistas, periódicos o revistas profesionales se subrayan o se capturan en itálicas.
*** Cuando escriba una carta, elija los verbos y los tiempos verbales apropiados: aquí la forma utilizada es **I am writing**. En español es

Your recent advertisement in *The Medical Journal* for a physical therapist in sports medicine caught my attention.

Su oferta de empleo para un terapista en medicina del deporte, que apareció en The Medical Journal, *me llamó la atención.*

b) Alguien le recomendó dirigirse a esta empresa:

Mencione, si viene al caso y tiene la autorización, el nombre de la persona que le hizo la sugerencia.

George Koch, your regional sales director for the Southwest, suggested I contact you about a possible opening for a salesperson.

George Koch, su director de ventas para el Sudoeste, me sugirió que me pusiera en contacto con usted porque quizá hubiera un puesto en ventas.

In a recent discussion, Professor John Hardy expressed the belief that my experience in the field of agricultural fertilizers would be a valuable asset to your company.

En una reciente conversación, el profesor John Hardy afirmó que creía que mi experiencia en el área de fertilizantes para la agricultura sería realmente valiosa para su compañía.

I obtained your name from Karen McCutcheon recently when I spoke with her about career opportunities in production management. Ms McCutcheon suggested I contact you about an upcoming opening in your electronics department.

Su nombre se mencionó recientemente en una conversación con Karen McCutcheon, en la que se habló sobre las posibilidades de carrera en el área de administración de la producción. La señora McCutcheon me sugirió que me comunicara con usted respecto de un puesto de nueva creación en el departamento de electrónica.

---

incorrecto traducirla por un gerundio (le estoy escribiendo); se trata de un presente: *Le escribo...* Emplee sistemáticamente esta forma de presente continuo para traducir los habituales *le envío...* **I am sending**, *adjunto a la carta...* **I am enclosing**...

@ Mr. David Wright, who supervised my student internship in commercial banking, has encouraged me to write to you about a position with your firm.

El señor David Wright, que supervisó mi práctica de estudiante en la banca comercial, me animó para que le escriba a fin de solicitar un empleo en su empresa.

@ Mr. Berthoud, Professor of thermodynamics, spoke to me last week about the possibility of carrying out a student research project in your laboratories.

@ El señor Berthoud, profesor de termodinámica, me habló la semana pasada de la posibilidad de llevar a cabo un proyecto de investigación en sus laboratorios.

c) Usted ha emprendido una búsqueda sistemática de empleo:

En este caso, el primer párrafo no será tan preciso. Podría comenzar con una frase que llame la atención, y hacer comentarios sobre su área de actividad. También puede empezar la carta presentándose y precisando el tipo de empleo que busca.

As the marketplace becomes more and more crowded, an effective sales staff is the key to preserving and expanding market shares.

Como el mercado está cada vez más saturado, tener un equipo de ventas eficaz es la clave para preservar y mantener la participación de mercado.

A personal assistant with an eye for details and the ability to remain calm under pressure is an invaluable asset for any company.

Una asistente ejecutiva atenta a los detalles y con la capacidad de permanecer tranquila cuando la presión es muy fuerte, es una empleada muy valiosa para cualquier compañía.

@ **In June I will be finishing my second year at... (a leading Mexican school in the field...). I am interested in finding* summer employment with your firm because...**

En junio próximo terminaré el segundo año en... (una de las mejores escuelas de México en el área de...). Me gustaría encontrar un empleo para el verano en su compañía porque...

@ **I am a student in international commerce at WVR Business School. As part of the degree requirements, I must complete a 2-month internship with a company involved in import/export.**

Soy un estudiante de los cursos de comercio internacional de la Escuela de Comercio WVR. Para poder graduarme, debo hacer una práctica de dos meses en una compañía de importaciones/exportaciones.

@ **I am a first-year student in economics at the University of... Before choosing a specialized field in economy, I would like to* take advantage of the summer months to gain real experience in the field of...**

Estoy en el primer año de economía en la universidad de... Antes de escoger determinada área de especialización, me gustaría aprovechar los meses de verano para tener una experiencia real en el área de...

@ **I am a first-year student studying to become a trilingual secretary. In order to gain practical experience and finance my studies, I am interested in* obtaining summer employment with your firm.**

Estoy en el primer año de estudios para convertirme en secretaria trilingüe. A fin de adquirir experiencia y, al mismo tiempo, financiar mis estudios, solicito un empleo de verano en su empresa.

---

*   ¿Cómo hacer una pregunta o expresar un deseo? Usted encontrará algunas de las expresiones más habituales en un cuadro de recapitulación en la p. 172.

d) Usted manda su currículum a una agencia de empleos, a un buscador de talentos:

I am writing to you because I understand you specialize in representing clients in the field of...

Me dirijo a usted porque se especializa en representar clientes en el área de...

Please find enclosed my resume. I am sure that my vast experience in... will be of interest to some of your many clients.

Adjunto envío mi currículum. Estoy convencido de que mi vasta experiencia en... interesará a algunos de sus muchos clientes.

PÁRRAFO 2: *sus capacidades*/**your qualifications**

Usted se referirá a sus capacidades en el segundo párrafo de la carta. Es el momento de resaltar sus cualidades. Remítase al léxico especializado que se encuentra al final de las secciones 2 y 3 del capítulo 2.

I am an efficient secretary with the usual secretarial skills, excellent typing, shorthand, and word processing, but I can bring much more to the workplace. I have a keen sense of organization which makes it possible for me to manage complex workloads. I have good communication skills and enjoy working with people at all levels.

Soy una secretaria eficiente, con las habilidades secretariales normales: mecanografía, taquigrafía y procesamiento de textos. Pero creo que puedo aportar mucho más en mi trabajo. Tengo un sentido agudo de la organización, lo que me permite enfrentar cargas de trabajo complejas. También sé establecer buena comunicación y me gusta trabajar con gente de todos los niveles.

As you will see from my enclosed resume, I have a vast experience as a purchaser for large pharmaceutical companies. I have consistently negotiated* the most favorable conditions possible with suppliers.

Como se dará cuenta al leer el currículum que adjunto, poseo una amplia experiencia en el puesto de comprador para grandes empresas farmacéuticas. Hasta ahora, siempre he negociado los mejores contratos con los proveedores.

As my resume points out, I have a rare combination of scientific competence in the field of heat transfer and proven managerial talents. And even rarer, my managerial experience has not been* to the detriment of my scientific competence.

Como se destaca en el currículum, poseo una doble y poco habitual capacidad, ya que además de ser científico en el área de transferencia de calor, también tengo habilidades administrativas. Y, por si fuera poco, mi experiencia administrativa no ha menoscabado mi capacidad científica.

---

* Hay que destacar aquí la utilización del **present perfect** en inglés. A diferencia del antepresente en español (al que se parece por su estructura), el **present perfect** en inglés no se utiliza para referirse a una acción terminada, sino que describe una acción que, habiendo comenzado en el pasado, continúa en el presente. Si se dice en español *"He trabajado en X compañía durante 10 años"*, se sobreentiende que ya no trabaja más allí. Si se dice *"trabajo aquí desde hace 10 años"* o *"trabajo aquí desde 1982"*, se está expresando que todavía trabaja allí.

PÁRRAFO 3: relacione sus capacidades con las necesidades y las expectativas de determinada empresa.

Si usted dirige su currículum a una agencia de empleos, no es necesario escribir un tercer párrafo: lo hará la agencia.

Si usted escogió otra de las opciones, en este tercer párrafo le conviene relacionar sus competencias con las expectativas y las necesidades de la empresa solicitante. Es el momento de utilizar los hallazgos que haya hecho en relación con la compañía (*véanse* los consejos de la p. 160, "¿Dónde encontrar información?).

PÁRRAFO 4: termine la carta y sugiera otro tipo de contacto.

En el último párrafo, conserve la iniciativa proponiendo una entrevista con la persona a la cual está dirigido el currículum (*cf.* p. 163).

Utilice una frase simple, del tipo "**I look forward to meeting you**", "*en espera de conocerlo*", para indicar que está a su disposición para una entrevista. También puede repetir su número de teléfono insistiendo en que le llamen o anunciando que usted volverá a llamar.

I look forward to meeting you.
En espera de conocerlo...

I am confident my qualifications will be of interest to you, and I look forward to hearing from you.
Espero que mis capacidades le interesarán. En espera de sus noticias...

Thank you for your time and consideration. I hope to hear from you soon.
Le agradezco la atención que preste a mi carta. Espero tener noticias suyas pronto...

I am anxious to examine my potential contributions in depth. I will make myself available for an interview at a time convenient to you.
Me gustaría muchísimo analizar en profundidad mis posibles aportes. Estoy a su entera disposición para una entrevista cuando usted lo considere conveniente.

It would be a pleasure to supply any further information you may find helpful.

Me encantaría proporcionarle cualquier información que usted juzgue útil.

I look forward to discussing these issues with you in person. You may contact me for a meeting at your convenience by phone at 77 44 66 99 or by post at my home address.

Estoy a su disposición para comentar estos aspectos en persona. Usted puede citarme para una reunión el día que le convenga en el teléfono 77 44 66 99 o por carta a mi domicilio particular.

Please feel free to call me at 77 44 66 99 for any additional information.

Si desea más datos, por favor, llame al 77 44 66 99.

I will be in San Francisco from February 20 to 28. I would like to meet with you during that time to explore these possibilities further. May I call you to set up an appointment?

Estaré en San Francisco del 20 al 28 de febrero. ¿Podría verlo en esas fechas a fin de explorar más a fondo las posibilidades? ¿Podría llamarlo para concertar una cita?

I would appreciate the opportunity to discuss the position with you personally. I will call you during the week of June 13 to arrange a meeting.

Me gustaría mucho la posibilidad de hablar de ese puesto con usted personalmente. Le llamaré en la semana del 13 de junio para que nos reunamos.

I feel certain I can contribute to XYZ Company. Allow me to call you on the 15th of this month if I don't hear from you before.

Estoy seguro de que podría aportar mucho a la compañía XYZ. Permítame hablarle el 15 de este mes si usted no se comunica antes.

Hay mil maneras de hacer una petición amable más o menos perentoria, de expresar un deseo o incluso defender convicciones apenas disfrazadas... En el siguiente cuadro se recapitulan algunas expresiones útiles:

I am interested in	*Estoy interesado en*
I would like to	*Me gustaría*
I am confident that	*Estoy seguro de que/Espero*
I look forward to V + ing	*Espero con impaciencia*
I am anxious to	*Estoy impaciente por/Me urge*
It would be a pleasure to	*Para mí sería un placer*
I hope to	*Espero que*
I would appreciate the opportunity to	*Me gustaría tener la posibilidad de*
I feel certain that	*Estoy convencido de que*
Please feel free to	*No dude en*
At your convenience	*Cuando a usted le convenga*

Caso particular: si usted se dirige a una empresa que seleccionó por razones muy precisas, organizará su carta de manera diferente:

- comience por explicar cómo descubrió la existencia de esa empresa o las razones que lo motivan a querer trabajar en ella,

- luego refiérase a sus capacidades mostrando que responden a las necesidades de la empresa.

In the June edition of *Business International*, XYW Company was described as being one of the most innovative companies today in the field of... The highly positive article encouraged me to do some research on XYW, and I am now convinced that XYW is the kind of company I would like to work for. I am equally convinced that XYW could put my qualifications to good use.

En el número de junio de la revista Business International, *se describe a la compañía XYW como una de las más innovadoras en el área de... Este artículo tan elogioso me impulsó a investigar acerca de la empresa XYW y ahora estoy convencido de que es el tipo de organización para la que me gustaría trabajar. También estoy convencido de que XYW podría aprovechar muy bien mis capacidades.*

I recently read an article in *Aeronautics* about XYZ Company. It mentioned XYZ's intentions to develop and expand its research activities at Bogotá Center. XYZ's continuing emphasis on research has contributed enormously to its successes. I would like to become a part of XYZ's research team.

Hace poco leí en Aeronautics *un artículo sobre la compañía XYZ. En él se mencionaban las intenciones de XYZ de profundizar y ampliar sus actividades de investigación en Bogotá. El interés permanente de esta empresa por la investigación ha contribuido enormemente a su éxito. Por ello me gustaría formar parte de su equipo de investigación.*

Anyone concerned with stock management has heard of XYZ's original approach to the problem. It has become the standard model today for most companies. As a recent graduate, I feel that XYZ is the place for me to begin my career.

Todas las personas interesadas en los problemas de manejo de inventarios han oído hablar del enfoque original de XYZ. Éste se ha convertido en un modelo estándar para la mayor parte de las compañías. Recientemente me titulé y creo que XYZ es el lugar ideal para empezar mi carrera profesional.

XYZ is the recognized leader in the field of express delivery. Its human resources department has been cited in a number of articles as an essential factor in XYZ's ascension.

XYZ es el líder innegable de las entregas rápidas. Su departamento de recursos humanos ha sido mencionado en varios artículos como un factor determinante en su éxito.

I will soon be relocating in the Caracas area. After thoroughly researching large companies in Caracas in the field of..., I feel sure that XYZ offers the most challenging and rewarding positions for a seasoned public relations director.

Voy a ser trasladado pronto a la zona de Caracas. Después de una exhaustiva búsqueda en las grandes compañías en el área de..., estoy seguro de que XYZ ofrece los puestos más atractivos y estimulantes para un director de relaciones públicas con muchísima experiencia.

@ As a student in my third and final year of electrical engineering, I know how important it is to gain practical experience in... XYZ offers the possibility of receiving a complete picture of all aspects of... and has a long history of cooperation with universities and engineering schools. I am writing about the possibility of carrying out an end-of-studies project with XYZ in the... department.

Soy estudiante del tercer y último año de ingeniería eléctrica y sé que es importante adquirir experiencia en... XYZ ofrece la posibilidad de tener un panorama general de todos los aspectos de... y se caracteriza por su cooperación con las universidades y las escuelas de ingeniería. Escribo para saber si es posible llevar a cabo mi tesis en el departamento de...

@ Although still a student in..., I am aware of XYZ's innovative approach to... I am writing to enquire about the possibility of becoming a summer intern with XYZ.

A pesar de que todavía soy estudiante de..., he oído hablar del enfoque innovador de XYZ en... Escribo para preguntar acerca de la posibilidad de hacer una pasantía en la empresa este verano.

Observe sobre la redacción:

- Usted habrá notado que el lenguaje que se utilizó es adulador. Pero tenga cuidado de no exagerar. Emplee estas fórmulas con moderación y trate siempre de mencionar aspectos precisos y originales.

- El cuadro siguiente pretende recordarle unas cuantas expresiones útiles que le aconsejamos memorizar:

---

one of the most innovative companies
continuing emphasis on...
standard model today for...
the most challenging and rewarding positions
a long history of cooperation with...
an innovative approach to...

Para terminar la carta: *saludo*/**closing**

El saludo con que se termina la carta en inglés es simple, comparado con las fórmulas que se usan en español. No intente traducir *"Acepte, pues, señor, mis más sinceros deseos..."* **Sincerely** o una de sus variantes es suficiente.

> **Sincerely,**
> **Sincerely yours,**
> **Yours sincerely,**

También puede utilizar el adverbio **truly** o una de sus variantes:

> **Yours truly,**
> **Very truly yours,**

En la siguiente página se indican las principales variantes entre el inglés británico y el inglés americano.

Para terminar su carta, salte dos líneas después del último párrafo y escriba su saludo. Salte otras cuatro líneas y escriba su nombre. La firma va en el espacio que quedó entre el saludo y su nombre (*véanse* los modelos de carta de la página 177).

Algunas reglas que no debe olvidar cuando escriba la carta adjunta:

- limitar la carta a una página de alrededor de 200 palabras
- dirigir la carta a una persona en particular
- referirse a un anuncio preciso o a una persona que lo recomienda
- escribir en un estilo claro
- no hablar de dinero o salario
- no se queje de sus empleadores actuales/anteriores
- no plantear problemas personales
- no trate de explicar por qué quiere cambiar de empleo

Cuidado: notará que hay algunas diferencias entre el español y el inglés en cuanto a la disposición de los elementos de la carta. Además, las restricciones que imponen, por ejemplo, los sobres de ventana hacen que la observación de esas reglas sea muy difícil. Por otro lado, es imposible desconocer la innegable internacionalización de la correspondencia en inglés y la influencia que ejerce el modelo estadounidense.

En resumen, presentamos lo que hace falta saber en cuanto a las diferencias de presentación de una carta dependiendo si el lector reside en Gran Bretaña o en Estados Unidos.

A) La fecha

Reino Unido	Estados Unidos
12th November, 20..	November 12, 20..
12 November, 20..	
12 Nov. 20..	

B) Vocativo ("salutation") y final ("ending")
- para el Reino Unido

salutation	ending
Sir,	Yours respectfully,
Madam,	
Dear Sir,	Yours faithfully,
Dear Madam,	
Dear Sirs,	
Dear Mr Brown,	Yours sincerely,
Dear Mrs Green,	
Dear John,	With best wishes,

- para Estados Unidos:

salutation	ending
Dear Sir:	Sincerely yours,
Dear Madam:	
Dear Mr. Jones:	Sincerely yours,
Dear Ms. Gordon:	
Dear Bob:	With best regards,
Dear Patty:	

Juan Pérez
Paseo de la Reforma 25
México, D.F., CP 10464

July 4, 20..

Deje 4 líneas de espacio

Dr. David Donnely
Director
XXX Laboratories
P.O. Box 23
Lakeville, IN. 46629

2 líneas

Dear Dr. Donnely:

Xxxxxxxxxxxxxxxxxxxxxxxxxxxxxxxxxxxxxxxxx
xxxxxxxxxxxxxxxxxxxxxxxxxxxxxxx.
Yyyyyyyyyyyyyyyyyyyyyyyyyyyyyyyyyyyyyyyyyyy
yyyyyyyyyyyyyyyyyyyyyyyyyyyyyyyyyyyyyyyyyyy
yyyyyyyyyyyyyyyyyyyyyyyyyyyyyyyyyyyyyyyyyyy
yyyyyyyyyyyyyyyyyyyyyyyyyyyyyyyyyyyyyyyyyyy
yyyyyyyyyyyyyyyyyyyyyyyyyyyyyyyyy.
Zzzzzzzzzzzzzzzzzzzzzzzzzzzzzzzzzzzzzzzzzzz
zzzzzzzzzzzzzzzzzzzzzzzzzzzzzzzzzzzzzzzzzzz
zzzzzzzzzzzzzzzzzzzzzzzzzzzzzzzzzzzzzzzzzzz
zzzzzzzzzzzzzzzzzzzzzzzzz.

Sincerely yours,

4 líneas

Juan Pérez
Director of Research

Enc. 2

177

Avenida Tlatelolco 33, edificio A-4
México, D.F.

14 de noviembre de 20..

Dr. J. Álvarez
Departamento de Nefrología
Stanford University School of Medicine
Stanford, Ca. 94305-5144

Estimado doctor:

Soy estudiante del quinto año de medicina en la UNAM, México. Como parte de los requisitos de la carrera en México, durante el quinto año debo hacer un internado de tres meses en un hospital universitario.

Me gustaría aprovechar ese internado para acrecentar mis conocimientos de medicina y, al mismo tiempo, aprender acerca de las prácticas médicas en otros países, en especial en Estados Unidos.

El Dr. Cordon, director del departamento de nefrología en la UNAM, me animó a escribirle a usted sobre la posibilidad de realizar mi internado en su institución. Me interesa en especial la nefrología y la medicina interna, ya que cualquiera de esas especialidades constituiría un buen complemento para la formación práctica que he recibido hasta ahora. Podría hacer este internado entre el 1 de julio y el 30 de septiembre de 20.. Por otro lado, estaré dos semanas en California en febrero de 20.., y me gustaría reunirme con usted.

Adjunto encontrará mi currículum y una copia de mis calificaciones.

Gracias de antemano por su ayuda,

María Luisa Rico Martínez

Avenida Tlatelolco 33, edificio A-4
México, D.F.

November 14, 20..

Dr. J. Álvarez
Division of nephrology
Stanford University School of Medicine
Stanford, Ca. 94305-5144

Dear Dr. Álvarez:

I am a fifth-year student in medicine at the UNAM, Mexico. As part of the requirements of the fifth year of medical studies in Mexico, I must complete a three-month clerkship in an university teaching hospital.

I would like to take advantage of this clerkship to develop my medical knowledge and, at the same time, learn about medicine as it is practiced abroad. I am particularly interested in discovering medical practices in the United States.

Dr. Gordon, Head of the Nephrology Department at UNAM, has encouraged me to write to you about the possibility of carrying out a clerkship in your establishment. I am specially attracted by nephrology or internal medicine, either of which would be a good complement to the practical training I have received to date. I will be available from July 1 to September 30 20xx. In addition, I will be in California for two weeks in February 20xx and would be happy to meet with you then.

I have enclosed my resume and a copy of my transcripts.

Thank you in advance for any help you may be able to give me.

Sincerely yours,

María Luisa Rico Martínez

Constitución 3233
Buenos Aires, Argentina

9 de septiembre de 20..

Mr John Minor
Dickenson Metals
55 Carriage Street
London SW 1

Estimado señor Minor:

En una reunión reciente, David Bailey me comentó la intención de Dickenson de ampliar sus actividades de empaques de aluminio y crear una división separada de la empresa. Me gustaría que me considerara para el puesto de director de esa división.

Como podrá ver en el currículum que adjunto, poseo una doble y poco habitual capacidad: en ciencias, en el área de transferencia térmica aplicada a la transformación del aluminio y, por otra parte, en administración. Además, deseo resaltar que mi experiencia administrativa no ha menoscabado mis capacidades científicas. He estado al corriente de todos los avances técnicos e innovaciones en transferencia térmica en mi papel de asesor y al formar parte de comités científicos de los más importantes centros de investigaciones argentinos.

Las innovaciones que ha logrado Dickenson en el área de transformación de metales sirven de modelo en el mundo industrial. La rapidez con la cual la empresa se adapta y adopta las nuevas técnicas refleja la preocupación constante de sus directivos por impulsar la investigación. Me gustaría mucho formar parte de esta compañía para poder contribuir a ampliar sus éxitos.

Me encantaría analizar con más detalle las posibilidades que podrían abrirse para que yo pueda contribuir al éxito de la empresa. Estaré en Londres del 28 de septiembre al 1 de octubre. ¿Podría hablarle por teléfono para concertar una cita?

Reciba mis más sinceros saludos,

Andrés Márquez

180

Constitución 3233
Buenos Aires, Argentina

September 9, 20..

Mr John Minor
Dickenson Metals
55 Carriage Street
London SW 1

Dear Mr Minor,

In a recent discussion, David Bailey mentioned Dickenson's intention to expand its activities in aluminum packaging and develop a separate division. I would like you to consider my application for the position of manager of this division.

As my enclosed resume points out, I have a rare combination of scientific competence in the field of heat transfer as applied to aluminum processing and proven managerial skills. And even rarer, my managerial experience has not been to the detriment of my scientific competence. I have kept my knowledge of advances and innovations in heat transfer up-to-date through consulting and by serving on advisory committees to some of Argentina's largest research agencies.

Dickenson's innovations in metal processing are a model for the industry at large. The speed with which it adapts and applies new techniques speaks for its commitment to continuing research. I would like to be a part of Dickenson and contribute to its continuing success story.

I am anxious to examine my potential contributions in depth. I will be in London from September 28 to October 1. May I call you and make an appointment to meet with you then?

Sincerely yours,

Andrés Márquez

Avenida San Juan 23,
San Juan, Puerto Rico (66)23 56 56 13

22 de octubre de 20..

Ms Nancy Frame
Barnes and Haughton
39 Tames Street,
London, SW 3

Estimada señora Frame:

Le escribo en respuesta a la oferta de empleo de asistente administrativa que apareció en el *Herald Tribune* del 20 de octubre. Soy una secretaria eficiente, y poseo todas las habilidades que por lo general se piden de una secretaria: mecanografía, taquigrafía y procesamiento de textos. Sin embargo, creo que puedo aportar mucho más a mi trabajo, ya que poseo una gran capacidad organizativa que me permite manejar cargas de trabajo complejas. Me relaciono bien con los demás y me gusta trabajar con personas de todos los niveles. El inglés, el alemán y el ruso no son para mí barreras infranqueables.

Según lo que leí, las oficinas londinenses de la compañía Barnes and Haughton exportan material médico hacia Europa y África. Como se indica en el currículum adjunto, viví un año en Costa de Marfil, donde trabajé al servicio de una empresa estadounidense de importación/exportación. Esta experiencia es invaluable para las funciones de una asistente administrativa en Barnes and Haughton.

Estoy convencida de que mis capacidades le interesarán y quedo en espera de sus noticias.

Atentamente,

Alicia Vidal Salgado

Avenida San Juan 23,
San Juan, Puerto Rico (66)23 56 56 13

October 22, 20..

Ms Nancy Frame
Barnes and Haughton
39 Tames Street,
London, SW 3

Dear Ms Frame,

I am writing in response to the advertisement for an administrative assistant in the October 20 *Herald Tribune*. I am an efficient secretary with the usual secretarial skills, efficient typing, shorthand, and word processing, but I can bring much more to the workplace. I have a keen sense of organization which makes it possible for me to manage complex workloads. I have good communication skills and enjoy working with people at all levels. English, Italian and Russian are no barriers for me.

As I understand it, the London offices of Barnes and Haughton manage exports of medical equipment throughout Europe and to African nations. As you will see from my enclosed resume, I lived for one year in Ivory Cost, where I worked in the export department of a large American company. This would be an invaluable experience for an administrative assistant with Barnes and Haughton.

I am confident my qualifications will be of interest to you, and I look forward to hearing from you.

Sincerely yours,

Alicia Vidal Salgado

Ferrocarriles Nacionales 28,
Santiago de Chile

7 de febrero de 20..

Mr. James Greene
Departamento de Recursos Humanos
LR Computers
Harbor Head, Ma. 33216

Estimado señor Greene:

Le escribo porque desearía hacer una pasantía en LR Computers. Como estudiante del tercer y último año de ingeniería en la UCCh (Universidad Católica de Chile), debo poner en práctica un proyecto de tres meses en la industria entre el 1 de abril y el 30 de junio.

Después de una pasantía en Brasil, en la que elaboré hardware y software para aplicaciones prácticas, me decidí por la administración de proyectos. Me gustaría aprovechar mi pasantía para adquirir más experiencia en esta área.

LR Computers, una empresa líder, me daría la inmejorable oportunidad de poner en práctica las capacidades que he adquirido hasta ahora y perfeccionar nuevas. Además, me encantaría estar en alguna de las oficinas que LR Computers tiene en un país angloparlante.

Adjunto un currículum, así como un folleto de la UCCh (Universidad Católica de Chile).

En espera de sus noticias, lo saluda atentamente,

Pablo Gómez Aldama

Ferrocarriles Nacionales 28,
Santiago de Chile

February 7, 20..

Mr. James Greene
Dep't. of Human Resources
LR Computers
Harbor Head, Ma. 33216

Dear Mr. Greene:

I am writing to apply for a student internship with LR Computers. As an engineering student in my third and final year of studies in physics at the UCCh (Universidad Católica de Chile), I must carry out a three-month project in industry from April 1 to June 30.

After a previous internship in Brazil during which I elaborated hardware and software specifications for a computer application, I decided to take the project management option offered to third-year students. I would now like to take advantage of this internship to gain even more experience in the field.

As the recognized leader, LR Computers would provide the best possible opportunity to apply the skills I have already acquired and develop new ones. In addition, I am extremely motivated for assignment to one of LR Computer's centers in an English-speaking country.

I am enclosing my resume and a brochure of the UCCh (Universidad Católica de Chile). Thank you for your time and consideration. I hope to hear from you soon.

Sincerely yours,

Pablo Gómez Aldama

Bernardo Reyes 63, Monterrey

19 de marzo de 20..

Ms Evelyn Linsk
Jefa de compras
B and D Manufacturing
15, Clifford Street
Cambridge SW 36

Estimada señora Linsk:

Como jefa de compras durante más de 10 años en un gran laboratorio farmacéutico, sé muy bien la importancia estratégica que tiene el puesto de compras. Tener un servicio de compras significa la diferencia entre retrasarse y cumplir con los tiempos, entre contratos renovados y perdidos.

En el currículum adjunto explico que siempre he negociado las condiciones más favorables con los proveedores. Mi espíritu de iniciativa siempre me ha ayudado y logré armar una doble red de posibles proveedores, lo que me ha permitido cumplir con la fecha límite.

Leí en la prensa que B and D Manufacturing va a ampliar sus actividades a Latinoamérica, y que la casa matriz para la producción de jeringas desechables estará en la Ciudad de México. Me gustaría ser parte de B and D cuando se instale en la Ciudad de México. Creo que las técnicas que perfeccioné como responsable de compras en la industria farmacéutica constituirán una herramienta eficaz en B and D. Mis contactos con la comunidad médica latinoamericana también serán muy útiles.

Me gustaría poder entrevistarme personalmente con usted para analizar el perfil del puesto. Me permitiré telefonearle en el transcurso de la semana del 4 de abril para que tengamos una reunión.

Reciba mis mejores deseos.

Atentamente,

Laura Briseño Carrera

Bernardo Reyes 63, Monterrey

March 19, 20..

Ms Evelyn Linsk
Head Purchaser
B and D Manufacturing
15, Clifford Street
Cambridge SW 36

Dear Ms Linsk,

As a buyer for large pharmaceutical laboratories with over ten years of experience, I know well the strategic importance of the position. Efficient buying makes the difference between deadlines met and production delays, repeat business and contracts lost.

As my enclosed resume points out, in the past I have consistently negotiated the most favorable conditions possible with suppliers. My sense of personal initiative has served me well, and by developing a double network of possible suppliers, I have always been able to meet deadlines.

I have read in the press that B and D Manufacturing is expanding its activities in Latin America, making Mexico City its headquarters for the production of disposable syringes. I would like to become a part of B and D as it develops its production lines in Mexico City. I feel the techniques I perfected as a buyer for the pharmaceutical industry can be efficiently applied at B and D. My contacts with the Latin American medical community would be a distinct advantage.

I would appreciate the opportunity to discuss the position with you personally. I will call you during the week of April 4 to arrange a meeting.

Sincerely yours,

Laura Briseño Carrera

CAPÍTULO 4

ESTUDIANTES: SECRETOS Y AYUDAS PARA ARMAR UN EXPEDIENTE

4.1   Llenar un formulario de admisión a la universidad

4.2   Cartas de exposición de motivos

4.3   Cartas de referencia, de recomendación: ¿a quién pedírselas?, ¿qué deben decir?

4.4   Léxico para leer bien y comprender un formulario

Para poder presentarse como aspirante a ingresar en la universidad, deberá armar un amplio expediente que contendrá, entre otros, el *formulario* (**application form**), las *calificaciones* (**transcripts**), la *declaración de recursos financieros* (**statement of financial resources**), así como dos o tres *cartas de recomendación* (**letters of recommendation**). El *jurado de admisión* (**admissions committee**) utilizará estos documentos para evaluar las posibilidades de éxito que usted tendrá en la carrera que eligió.

1) *Llenar un formulario: admisión a la universidad*
Filling out application forms: internships, university applications

Aquí encontrará indicaciones para llenar correctamente un formulario, así como datos acerca de las prácticas que difieren de las que usted ya conoce. Se tratan solamente las secciones que pueden dar lugar a confusiones.

Para traducciones sencillas, remítase al léxico complementario.

Instrucciones/**General instructions**

Por lo general, las instrucciones son muy precisas y usted debe respetarlas. A menudo se advierte: **Incomplete applications will be returned**, *Todo formulario incompleto se devolverá*, o **Incomplete applications will not be considered**, *Todo formulario incompleto no se tomará en cuenta*. En todos los casos, usted causará una mala impresión si envía un formulario llenado con escritura ilegible o con tachaduras.

a) Respete las reglas y los detalles que le indican. Los siguientes recordatorios le permitirán captar todos los matices.

Should: indica una sugerencia que es casi una obligación

The form should be sent preferably not later than 1 May to:...
Se recomienda enfáticamente entregar el formulario antes del 1 de mayo a...

Before submitting the form you should check:...
Antes de enviar el formulario, revise...

Applications and CV should be sent to...
Los formularios y el currículum **deben** *enviarse a...*
Applicants should have experience of working abroad.
Una experiencia de trabajo en el extranjero **sería deseable***.*
   Must: obligación absoluta
You must arrange for two referees to send confidential letters of reference directly to...
Debe *pedirle a dos personas que hagan llegar, a título confidencial, dos cartas de referencia a...*
Completed application forms addressed to the (head of...) must arrive not later than Thursday 12 September 2004.
Los formularios debidamente llenados **deben** *enviarse a (director de...) y no* **deben** *llegar después del jueves 12 de septiembre de 2004.*
Your handwritten application including your CV must reach us not (no) later than 10 September.
El formulario llenado a mano, acompañado del currículum, **debe** *llegar antes del 10 de septiembre.*
Applicants must have experience in...
Los aspirantes **deben** *tener experiencia en...*
   May: posibilidad (autorización)
Applicants may use their current employer as one of the referees.
Los aspirantes **pueden** *pedirle una carta de recomendación a su empleador actual.*
Application forms may be obtained from the secretary at...
Los formularios de los aspirantes **pueden** *recogerse en la secretaría...*
The applicant may waive his right of access to this recommendation.
El aspirante **puede** *(= está autorizado a) renunciar a su derecho de acceso a la presente carta de recomendación.*
You may copy this form.
Usted **puede** *fotocopiar este formulario (= usted está autorizado a fotocopiar este formulario).*
   To be required to...: tener la obligación de
Every applicant is required to submit along with his application official documentary evidence of (degrees, diplomas, and other qualifications held).
Cada aspirante **deberá** *traer, además del formulario, copias de (certificados, diplomas y otros documentos).*

To be to: se da una orden, una instrucción que hay que respetar.
The complete application forms are to be sent to the secretary.
Los formularios completos deben enviarse a la secretaría.
To be expected to: lo que se espera de alguien.
Applicants are expected to...
To be advised to: *consejo.*
To be invited to/to recommend.
To be advisable.
You are advised to...
Se le invita a = se le aconseja...
You are invited to...
We strongly recommend that you take out a private health insurance policy.
Le recomendamos especialmente que compre un seguro médico personal.
Advance registration is highly recommended to assure space availability.
Se recomienda enfáticamente inscribirse con anticipación a fin de asegurarse un lugar.
It is advisable to apply early.
Es conveniente presentarse lo más pronto posible.
To remind someone to do something: recordatorio.
Students are reminded to insure against medical expenses, loss and accidents.
Se les recuerda a los estudiantes que deben comprar un seguro personal para cubrir enfermedades, robos y accidentes.

b)   En todo formulario encontrará secciones que no tienen relación con usted. En lugar de dejarlas vacías, trace una raya en el espacio correspondiente o escriba **N.A.** (**Not Applicable**, *no aplica*).

c)   Respete las instrucciones relacionadas con la tipografía:

Print   *Escriba en letra de molde.*
Block capitals   *Escriba en letra de molde mayúscula.*
Print in dark ink   *Use tinta negra o azul oscuro.*

Print or type	*Puede escoger. Si puede escribir a máquina, mejor.*
Type	*Sólo con máquina de escribir.*
Sign (your name)	*Firme como en un cheque.*
Print your name in the boxes, one letter per box	*Ponga su nombre en las casillas, una letra por casilla.*
Check box(es) US	*Palomear las casillas (México).*
Tick box(es) GB	*Marcar las casillas (general).*
Place an "X" in the appropriate box	*Marque una cruz en la casilla correspondiente.*
Delete	*Tache, borre.*
Leave blank	*No escriba.*
Do not write in this column	*No escriba en esta columna.*
For Dept use only (Dept= department)	*No escriba, para uso exclusivo de...*

Nota: cuando escriba números, cuidado con el número siete. En inglés no escriben la rayita. Si se escribe, se puede confundir con el número cuatro.

Datos personales/**Personal data**

Si usted aspira a ingresar en una universidad estadounidense o en alguna organización que otorgue becas, le recomendamos ser cuidadoso al proporcionar sus datos personales. Una serie de leyes que datan de la década de 1960 prohíbe toda discriminación basada en orígenes raciales, color de la piel, religión, sexo, nacionalidad y edad. Muchas empresas ponen **Equal Opportunity Employer**, *Empleador respetuoso de la igualdad de oportunidades*, en alguna parte de su formulario. Esto significa que su política de contratación respeta la ley federal. Proporcionar datos que el formulario no prevé puede ser una desventaja.

Apellido/**Name**

Last name or Family name or Surname	*Apellido* = Pérez

First name or Given name or Other names	*Nombre/nombre de pila* = Georges
Middle name	*Segundo nombre* = Michel
Middle initial	*Primera letra del segundo nombre* = M.

En Estados Unidos o en Gran Bretaña, el nombre de una persona se compone de tres elementos: un nombre, un segundo nombre y el apellido. La mayoría de las personas utilizan sólo su primer nombre y el apellido, salvo cuando se trata de llenar un formulario. Se indica la inicial de su segundo nombre en una casilla especial para ello. En español es diferente, porque es más importante el apellido materno que el segundo nombre que va después del apellido paterno, y siempre hay un espacio reservado para él.

Cuando usted llene un formulario para Estados Unidos o Gran Bretaña, indique, si lo desea, la inicial de su segundo nombre, para adaptarse así al uso anglosajón.

- Si usted no tiene un segundo nombre, ponga **NMN** (**No Middle Name**) o **NMI** (**No Middle Initial**). Estas abreviaturas son universalmente reconocidas y aceptadas. Así, usted dará a entender que no se le olvidó llenar la casilla.
- Si usted tiene dos "segundos nombres", indique sólo uno o ninguno de los dos.

¿Y si tiene que escribir su nombre, pero es muy largo y no le alcanzan las casillas? Comience por el apellido, una letra por casilla. Deje un espacio y empiece a escribir su nombre, casilla por casilla. Cuando no haya más casillas, deje de escribir. Es suficiente para identificarlo.

Social Security Number: *número de Seguridad Social en Estados Unidos*. Si usted nunca ha trabajado en ese país, no lo tendrá. No ponga nada.

Dirección/**Address**

Probablemente le pedirán que proporcione dos direcciones: una, **temporary address**, *dirección temporal* (o **present mailing address** o **other address at which you can be reached**), y la otra, **permanent address** (*dirección permanente*). Algunas empresas piden

194

que usted indique sus *direcciones anteriores en determinado periodo* (**previous addresses both temporary and permanent covering the last ten years**).

Street Address	*El número y luego el nombre de la calle*
County	*Circunscripción administrativa en Estados Unidos.* Deje en blanco
State	*Estado de la Unión.* Deje en blanco si en su país no hay estados
Zip Code (Estados Unidos)	*Código Postal*
Postal Code (Gran Bretaña)	*Código Postal*

Número de teléfono/**Telephone number**

También le pueden pedir dos números de teléfono: **temporary and permanent** o **home and office** (*personal y oficina*).

Area Code	*El código de la zona*, por ejemplo, 55 para la ciudad de México

El *código de la zona* (**area code**) se pone entre paréntesis en Estados Unidos. En otros países, el código forma parte del número.

Estudios y cursos/**Education and training**

Los datos que se piden varían de un formulario a otro, pero en general le pedirán el nombre y la dirección de todos los lugares en los que haya estudiado. Esto puede ser a partir de la secundaria o incluso desde la primaria.

Escuelas/**Schools**

High School Name	El nombre de la escuela secundaria = Secundaria José Martí
School Leaving Qualifications (Gran Bretaña)	Indique cuándo terminó la preparatoria y 2 o 3 materias principales
Higher Education	Todo después de la preparatoria o bachillerato

Address
Ponga la dirección completa de la escuela a la que asistió.

Location
El nombre de la ciudad es suficiente.

Dates attended, from... to...
Ponga el mes y el año en el que ingresó en la escuela, seguido del mes y del año en que terminó: 09 89 06 92.

Major Field of Study
Area of concentration
Indique el área de especialización. Por ejemplo: ciencias, letras, artes.

Minor Field of Study
Indique alguna especialización menos importante.

Graduated?
¿Tiene algún título o diploma? Indique **yes** o **no**.

Degree
Indique el título o diploma.

Years Completed
Indique la cantidad de años que estuvo en la escuela.

Rango, lugar en la clase/**Class Standing, Academic Standing**

Grade Point Average (G.P.A.)
Indique su promedio final.

Overall G.P.A. out of possible total
Indique su promedio final.

Class Standing o
Class Quartile
Se le pregunta en qué lugar quedó en su generación.
Top 10%, *10% de los primeros*;
Top 25%, *cuarto superior*;
Top 50%, *primera mitad*;
Lower 50%, *segunda mitad*.

Class Rank
Indique su lugar en la clase. Ejemplo: **10 out of 115.**

Approximate Size of Graduating Class
Indique el número total de alumnos en su promoción.

Recursos financieros/**Financial support**

En esta sección se le solicitará que demuestre que tiene los recursos financieros necesarios para estudiar durante un año en el extranjero. Por lo general, no tendrá posibilidades de obtener ayuda de la universidad en el nivel **undergraduate**. Incluso en el nivel **graduate studies**, si usted cambia de carrera, por ejemplo un ingeniero que desee hacer una *maestría en negocios* (**M.B.A.**). La razón es simple: en ninguno de los casos usted ha demostrado ser bueno en el área.

Por lo tanto, trate de probar que posee los recursos financieros suficientes, lo que no le impedirá solicitar una ayuda financiera en *forma de beca* o **assistantship**.

Sus recursos pueden provenir de diferentes fuentes:

Personal Savings	Indique la cantidad que haya ahorrado (**to save money**).
Family	Indique el monto de la ayuda que su familia le dará.
Scholarships Grants Bursaries (Gran Bretaña)	Indique el monto y la fuente de la beca que ha podido obtener.
Loans	Usted obtuvo un préstamo bancario.

2) *Cartas de exposición de motivos*
Statements of purpose, personal essays

En un formulario para ingresar en una universidad, algunas preguntas implican respuestas largas. Estas preguntas pueden ser muy generales (**Describe your long-term career goals**/*Describa sus objetivos de carrera a largo plazo*) o muy precisos [**Describe two achievements of which you are most proud and the reasons for your satisfaction with them**/*Describa dos acciones de las que esté orgulloso(a)*]. Explique *por qué está satisfecho con ellas*. La cantidad de preguntas varía de una universidad a otra. Los candidatos a una MBA en una universidad de prestigio tendrán que responder a una mayor cantidad de preguntas.

Los siguientes son los temas más frecuentes:
(Cuidado, no todas las universidades hacen preguntas sobre todos los temas. Es fácil adivinar el perfil del aspirante ideal por los temas que haya escogido cada universidad.)

Objetivos de carrera	**Career objectives**
Logros y acciones	**Accomplishments and achievements**
Toma de responsabilidad	**Assuming responsibilities**
Cualidades de líder	**Leadership qualities**

Descripción de uno mismo: sus fortalezas y los aspectos de su personalidad que le gustaría cambiar

A self-description: personal strengths and character traits the candidate would most like to change

Problemas de ética	**Ethical problems**

Actividades complementarias, extracurriculares

Outside interests, extracurricular activities

Descripción de una experiencia que haya afectado profundamente al aspirante

Description of an experience that had a profound effect on the candidate

Estas preguntas desempeñan un papel esencial. Con la cantidad de excelentes expedientes (muy buenas calificaciones, buenas cartas de referencia), el jurado de admisión utilizará las respuestas largas para ir seleccionando a los aspirantes. En primer lugar, será posible apreciar la cualidad de la expresión escrita: ¿Usted se expresa con un lenguaje claro y correcto? Hay un asunto de especial interés: los objetivos a largo plazo y los lazos que unen esos objetivos con su experiencia pasada y presente. La respuesta que usted dé permitirá al jurado determinar si su proyecto es coherente y bien pensado. Por ello, en su respuesta no se limite a repetir el contenido de un **transcript** —cursos, fechas, etc. Hable de sus gustos, exprese su entusiasmo por algún área en especial, es decir, demuestre que está motivado. Finalmente, esos párrafos darán una idea de su personalidad y originalidad.

Usted debe redactarlos respetando el enfoque que se recomienda: fíjese un objetivo, haga una lista de sus ideas, organice esas ideas en función del objetivo. Lea bien la pregunta para estar seguro de responder a todos los elementos. No eluda una pregunta difícil.

Las siguientes son respuestas a preguntas que usted puede hacerse:

- ¿Debo respetar el espacio previsto para la respuesta?

Sí, a menos que le indiquen que puede usar otra hoja (**If additional space is needed, attach an extra sheet**/*Si necesita más espacio,* *anexe otra hoja*). La concisión es una cualidad muy buena. Aunque tenga la posibilidad de agregar una hoja, trate de no divagar. Todo lo que escriba debe ser coherente con el objetivo que se haya fijado al responder.

- ¿Y si mi objetivo de carrera no es muy preciso?

Usted puede permitirse mostrar cierta indecisión. Entonces explique cómo el programa de estudios lo ayudará a orientarse en el futuro.

- ¿Debo responder a una pregunta optativa si la hay? (**Please provide any additional information which the above questions have not given you the opportunity to include and which you feel is relevant.**/*Por favor, agregue la información complementaria que las preguntas anteriores no le dieron oportunidad de incluir si cree que es relevante.*)

Sí, porque es poco frecuente que un cuestionario cubra todos los temas. Si usted presenta su solicitud de inscripción en varias universidades (lo cual es muy recomendable) tal vez responda preguntas que le gusten, pero que no aparezcan en todos los formularios. Retómela y adáptela a la pregunta optativa. También puede aprovechar la pregunta optativa para explicar por qué tuvo calificaciones bajas en algún momento de sus estudios o algún aspecto débil de su expediente. Pero cuidado, no utilice la pregunta optativa para repetir lo que dijo en las otras respuestas.

- ¿Mis *actividades complementarias* (**extracurricular activities**) son suficientemente importantes o sólo debo enumerarlas?

Este tipo de actividades pueden ayudar a un aspirante que no tenga mucha experiencia profesional. (**Give an example of how you worked effectively with other people to accomplish something important.**/*Dé un ejemplo de un importante trabajo de equipo en el cual haya participado*.) *Véanse* los consejos que se dieron en la sección "Otras actividades", capítulo 2. Recuerde: en Estados Unidos no hay que mencionar orígenes raciales, religión, etc. (*cf.* párrafo *sobre datos personales*/**personal data**).

- ¿Debo hablar de mis debilidades o aspectos negativos?

Nadie es perfecto. Las respuestas deben revelar su verdadera personalidad. Convencerá mejor si se expresa honestamente y de manera realista acerca de sus debilidades. Pero recuerde: en esta parte del formulario, usted manda. No hable de lo que no quiera hablar, incluidas sus características negativas.

- ¿El deseo de perfeccionar mi inglés puede mencionarse como elemento de motivación?

¡No! Las empresas que ofrecen pasantías y las universidades a las que desea ingresar no son escuelas de idiomas. Esperan que su nivel de inglés sea suficiente.

3) *Cartas de referencia, de recomendación - Evaluaciones*
Letters of references, recommendations - Evaluations

Las cartas de recomendación desempeñan un papel determinante en la decisión que tome el jurado de admisión.

Las calificaciones reflejan con precisión su trayectoria escolar, universitaria. También proporcionan datos precisos acerca de los cursos que siguió y qué nivel alcanzó. Las preguntas que debe responder con respuestas largas, bien redactadas, le dan la oportunidad de hablar de usted mismo, de sus objetivos, y le permiten contar algunas de las experiencias que determinaron la evolución de su personalidad.

En las cartas de recomendación, son los demás quienes hablan de usted, de sus éxitos escolares, así como de sus cualidades humanas.

El siguiente es un resumen de las áreas sobre las que le preguntarán a quienes usted haya escogido para que escriban esas cartas:

academic preparation and abilities	*preparación académica y capacidades*
academic strengths and weaknesses	*fortalezas y debilidades del aspirante en el área escolar*
interpersonal skills (establishing and maintaining relationships with peers and supervisors)	*habilidades de comunicación (establecer y mantener buenas relaciones con sus iguales y con sus superiores)*
ability to work on a team	*capacidad para trabajar en equipo*
integrity	*honestidad, integridad*
flexibility*	*capacidad de adaptación (receptividad a las ideas nuevas)*

* **To show flexibility, to be flexible**: concepto muy importante en los países anglosajones. Los empleadores están cada vez más interesados en este concepto.

examples of applicant's leadership abilities	*ejemplos de las cualidades de líder del aspirante*
creativity, imagination	*creatividad, imaginación*
sense of humor	*sentido del humor*
motivation, drive	*motivación, energía*
comparison of applicant's achievements with those of his peers	*comparar el desempeño y los logros del aspirante con los de sus iguales*
ability to communicate orally and in writing	*capacidad de comunicación oral y escrita*

No todas las universidades plantean las mismas preguntas, y las cartas de recomendación no tienen tampoco la misma forma. Algunas preguntas piden respuestas detalladas, redactadas en párrafos. Otras se presentan en forma de tablas en las que se marcan las respuestas. Algunas universidades solicitan la clásica carta de referencia.

Sin importar la forma, la carta de recomendación debe responder a un solo objetivo: la universidad desea obtener una imagen de usted lo más imparcial posible, y para ello se la solicita a personas que tengan una larga experiencia de trabajo con estudiantes como usted y que, por lo tanto, sean capaces de hacer una evaluación comparativa.

¿A quién pedirle una carta de recomendación?

En función de lo que acaba de decirse, la respuesta evidente es la siguiente: a quien lo conozca suficientemente para poder hablar de usted. Alguien que haya tenido la oportunidad de observarlo trabajando, que conozca sus fortalezas y sus debilidades, que sepa de qué es usted capaz.

A menos que usted lo conozca personalmente, un profesor que enseña a un grupo de 50 o 100 alumnos no es la persona idónea para escribir este tipo de carta. Si desea que algún profesor muy famoso, que usted conoce sólo por haber asistido a sus clases magistrales, escriba su carta, hágalo sólo si le pide una de las tres cartas a las que tiene derecho, con la condición de que las otras dos se las solicite a personas que lo conozcan bien y pueden aportar juicios precisos de usted.

Como la carta de recomendación se pide en inglés, muchos estudiantes se la piden a su profesor de inglés. En este caso, también hay que tener cuidado. Si ya presentó los resultados de un examen de inglés, por ejemplo el TOEFL, una carta de un profesor de idiomas evaluando las competencias lingüísticas sería redundante. Diríjase a su profesor de inglés sólo si éste lo conoce lo suficiente para hablar de otros aspectos de su personalidad o evaluar otras capacidades.

Entonces, ¿a quién dirigirse para obtener una carta de recomendación eficaz? A los profesores de diferentes áreas de especialidad, en particular los que hayan dirigido un trabajo de equipo, investigaciones o proyectos; ellos tuvieron la oportunidad de verlo trabajar, usted les entregó documentos redactados o asistieron a las presentaciones orales que usted haya hecho. Lo mismo para los ingenieros y supervisores con los que usted haya realizado su pasantía. Incluso el director de estudios de su escuela, que está al tanto de sus actividades.

¿En qué idioma redactar la carta?

Las cartas de recomendación deben redactarse en inglés. Entre las *personas a las que le pedirá la carta* (**referees/recommenders**) algunas dudarán precisamente a causa del idioma, aunque éste no constituya en sí un criterio de juicio: se excusarán o la carta será demasiado superficial (del tipo: **Mr. Peña is a good and serious student. His scholastic results are excellent, and he is very motivated to go to the United States. I recommend him very much.** *El señor Peña es un estudiante muy serio. Sus resultados escolares son excelentes y está muy motivado para ir a Estados Unidos. Lo recomiendo mucho*).

A fin de evitar esto, mande traducir la carta de recomendación. Primero, explique a quien se la solicita a qué tipo de universidad aspira usted, qué tipo de estudios desea realizar. Indíquele que las cartas de recomendación son fundamentales en su expediente de admisión (en especial para una universidad estadounidense) y que no deben limitarse a repetir lo que los demás documentos contienen. Pídale ayuda a su profesor de inglés si usted cree que la persona a quien le solicitó la carta de recomendación se sentirá más segura escribiendo en su propio idioma. Por lo tanto, sugiérale que la redacte en español y luego de que se haga la traducción al inglés, entréguesela para que la firme.

<u>El contenido de la carta de recomendación.</u>

Quien redacta la carta de recomendación comenzará por explicar en qué situación ha conocido al aspirante y desde hace cuánto tiempo.

De esta manera, responderá a las preguntas que a menudo se hacen de manera explícita:

Under what circumstances and how long have you known the applicant?

¿En qué circunstancias y desde hace cuánto conoce usted al aspirante?

Define your relationship to the applicant and describe under what circumstances you have known the applicant.

¿Cuál es su relación con el aspirante y cómo lo conoció?

How long have you known the applicant and in what context?

¿Desde hace cuánto tiempo conoce al aspirante y en qué contexto?

La carta podría comenzar así, o las respuestas ser del tipo:

Mr. Peña has been a student in my physics class for the past two years at the Universidad of Buenos Aires.

El señor Peña ha sido estudiante en mis clases de física durante los dos últimos años en la Universidad de Buenos Aires.

As a research engineer at XYZ Company, I supervised Mr. Peña during his internship with us from March to June 1992.

Como ingeniero investigador en la compañía XYZ fui supervisor del señor Peña durante su pasantía, de marzo a junio de 1992.

Nearly two years, I am director of the WXY School where Mr. Peña is president of the student body.

Desde hace dos años, soy director de la escuela WXY en la que el señor Peña es presidente de la asociación de estudiantes.

La persona que escriba la carta puede luego mencionar las calificaciones del aspirante, y compararlas con las de otros estudiantes que haya conocido.

Luego describirá algunas cualidades especiales que haya observado en el aspirante. Se aconseja exponer uno o dos ejemplos concretos de situaciones que revelen esas cualidades.

También puede mencionar alguna de las debilidades del aspirante, siempre abordándolas desde un ángulo positivo:

Mr. Peña has a tendency to rush into projects without thinking them through first. I attribute this tendency to his youth, and I am sure that as he matures, he will realize the problems he causes himself with this approach. I would be very disappointed, however, to see him lose too much of his refreshing spontaneity.

El señor Peña se entusiasma con un proyecto sin pensar primero en él. Yo atribuyo esta actitud a su juventud y estoy convencido de que con el paso de los años se dará cuenta de que este tipo de conducta le acarrea problemas. Sin embargo, no me gustaría verlo perder su espontaneidad.

El autor de una carta de recomendación también podrá referirse a la gran motivación que demuestra el aspirante y sus posibilidades de éxito tanto en la universidad en la que desea estudiar, como a largo plazo. Mencionar los objetivos que persigue el aspirante también prueba que quien escribe la carta está enterado de los proyectos de aquél y esto constituye un aspecto muy positivo.

La carta termina con una fórmula del tipo:

I recommend Mr. Peña for the Master's programme at XZY University.

Recomiendo al señor Peña para la maestría de la universidad XZY.

I highly recommend Mr. Peña for...

Recomiendo muchísimo...

I strongly recommend for...

Recomiendo muchísimo...

I cannot recommend Mr. Peña for...

No recomiendo al señor Peña para...

Una carta de recomendación debe ser honesta.

No espere que las personas que le darán la carta se refieran a usted sólo en términos halagadores. No crea que sólo mencionarán sus fortalezas y callarán sus debilidades. Si no, se restarían credibilidad. Además, algunos formularios piden de manera expresa que se indiquen las debilidades de los aspirantes.

¿Qué es un "**waiver**"?

En la mayor parte de los expedientes que entregan las universidades estadounidenses, al principio de la página reservada a las cartas de recomendación, usted encontrará la frase siguiente:

You may waive your right of access to the recommendation.
Usted puede renunciar a su derecho de ver las cartas de recomendación.

<u>¿Y esto qué quiere decir?</u>

Si el procedimiento que se indica en el formulario de recomendación se respeta, los datos que se dan serán confidenciales. El autor de la carta de recomendación la colocará en un sobre cerrado. Luego firmará en el envés del sobre, sobre la parte que se pega, para impedir que el aspirante abra la carta. Éste, por lo tanto, no sabrá qué contiene. Se limitará a adjuntar el sobre cerrado a su expediente. Con este procedimiento, quien escribe la carta puede sentirse libre y evaluar al aspirante con un máximo de objetividad.

En 1974, el Congreso estadounidense votó una ley, **The Family Education Rights and Privacy Act**, que permite a los aspirantes que han sido admitidos en una universidad conocer el contenido de sus expedientes de inscripción, que forman parte de su expediente universitario. Tienen el derecho de leer las cartas de recomendación, pero sólo <u>después</u> de haber sido admitidos y, de hecho, después de haberse inscrito.

Entonces, si se responde "sí" a la pregunta "**Do you waive access to the recommendation?**", usted renuncia a su derecho de acceso a las cartas de recomendación.

¿Qué responder?

La respuesta depende de usted, por supuesto; pero, ¿por qué conviene responder con un "sí"? Porque así creará un clima de confianza entre usted y las personas que aceptaron escribir esas cartas, y que además usted escogió con cuidado. Tampoco le conviene parecer problemático.

Algunas universidades no proponen a los candidatos renunciar a su derecho de acceso. Esto se debe a que sólo utilizan las cartas de recomendación para el proceso de admisión. Como en este caso las cartas no forman parte del expediente universitario, la ley no se aplica.

La siguiente es una lista de las palabras más habituales que utilizan los colegios y las universidades anglosajonas para describir sus sistemas y el tipo de enseñanza que imparten.

Se utilizó GB para Gran Bretaña y US para Estados Unidos. Hay que recordar, sin embargo, que es aconsejable ser prudente con las traducciones porque los sistemas educativos son muy diferentes de un país a otro y las palabras reflejan la realidad de cada país.

academic record: *expediente escolar*
application fee: *cuota de inscripción*. La cantidad varía de 10 a 75 dólares según la universidad, y se paga cuando se entrega la solicitud de inscripción
application form: *solicitud* o *formulario* para hacer una pasantía o práctica, para un trabajo o para inscribirse en la universidad
to apply for admission: *hacer una solicitud de inscripción*
assistantship (graduate assistantship) (teaching assistantship) (research assistantship): *ayuda financiera* que por lo general reduce la cuota de inscripción a cambio de un trabajo regular de enseñanza o de investigación en alguno de los departamentos de la universidad
associate degree: diploma que se obtiene después de dos años de estudios universitarios en un **junior college** o **community college**
to attend (a course): *asistir (a un curso)*
to attend (a school): *ser estudiante de (una escuela)*
to audit a course: *seguir un curso como oyente*
auditing program: *programas para oyentes* o *estudiantes de universidad abierta**
award: literalmente, *premio* o *recompensa*. En este caso tiene el sentido de beca, ayuda financiera para recompensar un trabajo meritorio
to award a degree: *expedir un diploma*
bachelor's degree: diploma que se entrega después de tres (GB) o cuatro (US) años de estudios superiores
B.A.: *véase* **Bachelor of Arts**
Bachelor of Arts: diploma que se entrega después de tres (GB) o cuatro (US) años de estudios literarios o de ciencias sociales
Bachelor of Engineering (GB): diploma de ingeniero después de tres (GB) o cuatro (US) años de estudios

---

* Los *oyentes* son alumnos que asisten sin estar inscritos. Los estudiantes de universidad abierta deben asistir una vez a la semana para recibir tutorías y, a veces, también son oyentes.

B. Eng. (GB): **Bachelor of Engineering**

B.S. (US): *véase* **Bachelor of Science**

B.Sc. (GB): *véase* **Bachelor of Science**

Bachelor of Science: diploma entregado generalmente después de tres o cuatro años de estudios en ciencias

bursary (GB): *beca o bolsa de estudios*

business school: *escuela de comercio o administración*

chartered engineer (GB): estatuto profesional que se adquiere cuando después de obtener un diploma se adquiere experiencia profesional o una formación en el medio industrial

C. Eng. (GB): **chartered engineer**

class average: *promedio de la clase* (promoción)

class quartile (top 25%, top 50%): cuartil de la clase en el que se encuentra el aspirante por su promedio

class rank (5 out of 88): *lugar o rango en la clase*

class standing (top 10%, lower 50%): *lugar o rango en la clase*

college: *universidad, establecimiento de enseñanza superior*

Palabra habitual: **I'm a college student** o **I'm a college graduate**. Pero en un sentido estricto, si bien un **college** forma parte de un sistema de enseñanza superior, es más pequeño que una universidad y no ofrece tantas posibilidades de escoger una especialización. Entrega el **Bachelor's Degree**, pero no ofrece **graduate studies**. También se llaman **colleges** las diferentes facultades dentro de una universidad: **College of Business**, **College of Fine Arts**, **College of Social Sciences**, etc. (que a veces se llaman **School: School of Fine Arts**).*

community college: *universidad pequeña* en la que se enseñan pocas disciplinas y funcionan para una región o un pueblo

continuing education: *educación continua*

core curriculum: *tronco común*

corequisite: curso que hay que seguir obligatoriamente al mismo tiempo que otro

---

* Esto varía en las universidades hispanohablantes. En algunos países se dice Facultad de Filosofía y Letras, Facultad de Economía, y la palabra *escuela* se reserva para las de nivel primaria. Pero también es posible referirse a la Escuela de Bellas Artes, a la Escuela Preparatoria, etcétera.

council-student council (US): *asociación estudiantil*

course: *curso*

course load: *cantidad de cursos por semana*

course work: *trabajo asociado a un curso*

credit: *unidad de valor*

credit hour: a menudo, un curso proporciona una cantidad de unidades de valor igual a las horas en las que se imparte a la semana

credit-bearing course = a course which provides academic credit: *curso de una asignatura y que da lugar a una validación*

non-credit course: *curso que no se evalúa*

customised programmes (GB): *"a la medida", "a la carta"*

deadline: *fecha límite*

degree: *grado o título*

diploma: *diploma* (el papel)

dissertation: *informe escrito*

doctorate: *doctorado*

dormitory: *residencia universitaria*

electives: *(cursos, asignaturas) optativos(as)*

elementary school: *escuela primaria*

eligible (to be eligible to apply...): *tener las condiciones (para presentarse como aspirante)*

enrollment: *inscripción*

to be enrolled in (college): *estar inscrito*

to enroll in: *inscribirse*

faculty: *cuerpo de profesores*

fees (US) **(service fees, lab fees, gym fees, parking fees, etc.)**: *costos administrativos de diferentes servicios como estacionamiento*, etc.

fees (GB): *costo de la inscripción*

fellow: *investigador que recibe una beca de investigación*

fellowship: *ayuda financiera, beca de investigación* que se concede a un **Ph.D. (postdoctoral fellowship/postdoctoral research fellowship)**

to file an application to enter a program: *solicitar una inscripción para...*

to fill out/up an application form: *llenar un formulario*

freshman: *alumno de primer año* (en una universidad o una **high school**)

full-time student: *estudiante de tiempo completo*

fund: *suma de dinero destinada a financiar estudios, proyectos*, etcétera

to fund: *financiar*

GMAT: Graduate Management Aptitude Test. *Test general de aptitudes verbales y matemáticas*. El **GMAT** por lo general se exige para inscribirse en una **Business School** para preparar un **M.B.A.**

GPA: Grade Point Average

grade point average: *promedio de calificaciones*

grade school: *escuela primaria*

to graduate (from a school/a university): *recibir un diploma, estar diplomado por una escuela o universidad*

graduate (a graduate of a school): *alguien egresado de una escuela*; **a high school graduate**, **a college graduate**, **a graduate of the University of California**

graduate school, graduate program, graduate studies: *estudios universitarios* después del **B.A.** o el **B.S.**; es decir, correspondiente a la preparación del **Master's** o **Ph.D.**

graduation: fecha en la que se recibe el diploma. La palabra **graduation** se refiere también a la ceremonia en la que se entregan los diplomas

grant: *ayuda financiera, beca* (nivel **graduate**)

to grant (a degree): *entregar un diploma*

GRE (Graduate Record Examination): *examen general* (**general test**) de capacidades verbales, matemáticas y analíticas. En algunas áreas, también hay exámenes específicos (**subject test**). El **Graduate Record Examination** se exige a menudo para inscribirse en una **graduate school** en las universidades estadounidenses. Se pide tanto a los estudiantes extranjeros como a los estadounidenses.

high school: *secundaria, liceo*

honours/an honours degree: *diploma o título con mención*

(second class honours degree – first class honours degree)

host institution: *institución receptora*

industrial placement: *pasantía o práctica en una industria* (por ejemplo, **a three-month industrial placement**)

internship (US): *pasantía o práctica*

junior: *alumno de tercer año* (de una universidad o de una **high school**)

junior college: *universidad pequeña* que no ofrece más que los dos primeros años de estudios universitarios, por lo general en un área técnica

lab(oratory) class: *prácticas*

lecture course: *cátedra, curso magistral*

lectureship: puesto otorgado a un titular de un **Ph.D.**, para una investigación

loan: *préstamo*

major (field of study): *materia principal, área de especialización*

to major in (a subject): *especializarse en*

master's degree: título que se obtiene un año o dos después del **bachelor's degree**. Equivale a una *maestría*

M.A.: *Master of Arts*

M.S. (US), **M.Sc.** (GB): **Master of Science**

military school/academy: *escuela, academia militar*

minor (field of study): *subespecialización* (área de)

non-degree students: *oyentes*

nonresident rate: *tasa de derechos de inscripción* que se cobra a los estudiantes que no son residentes del Estado en el que se encuentra la universidad

overall G.P.A. out of possible total: *promedio de las calificaciones que indica el máximo posible*: **15.2/20**; **92/100**; **3.8/4**

overseas (to study overseas): *estudiar en el extranjero*

part-time student: *estudiante de medio tiempo*

a pass: *título o diploma que se obtuvo sin mención*

Ph.D.: **Doctor of Philosophy**, título o diploma que corona tres a seis años de investigación que comenzaron después de haber obtenido el **master's degree**. Equivale a un *doctorado*

prerequisite: cursos que deben haber seguido los estudiantes antes de ser admitidos en un curso superior

professional school: establecimiento de enseñanza superior que prepara para el ejercicio de una profesión liberal: medicina, farmacia, derecho, etcétera

rank: *rango o lugar en la clase* (generación)

to rank 5th out of a class of 88: *quinto en una clase de 88*

registration: *inscripción*

to renew: *renovar*

210

renewal: *renovación*

required subjects: *cursos, materias, asignaturas obligatorias*

residence hall: *ciudad universitaria*

room and board: *habitación con pensión completa*

sandwich structure (GB): *combinar el estudio y la práctica*

a scholar: *una persona que hace estudios superiores*

scholarship: *beca* (por lo general antes de titularse)

scholastic average: *promedio de calificaciones*

scholastic performance: *desempeño escolar*

scholastic record: *resultados escolares*

scholastic results: *resultados escolares*

secondary school: *escuela secundaria, liceo*

self-sponsored students: *estudiantes que pagan ellos mismos sus estudios*

semester hour: *una hora de curso por semana durante un semestre*

senior: *alumno de cuarto año* (en la universidad o en una **high school**)

sophomore: *alumno de segundo año* (en la universidad o en una **high school**)

to be sponsored by (an employer): *que un empleador pague los estudios de alguien*

stage: *pasantía* o *práctica que hace un estudiante* (en una empresa, en una fábrica o en un laboratorio)

student body: *todos los estudiantes*

submission (of a thesis): *presentación de una tesis*

to submit (a thesis): *presentación de una tesis*

tailored (a programme tailored to individual requirements) (GB): *hecho a la medida para satisfacer necesidades individuales*

thesis: *tesis o informe escrito de cierta importancia*

TOEFL: Test Of English as a Foreign Language: Test de elección múltiple en tres partes: comprensión oral, estructuras gramaticales, vocabulario y comprensión escrita. El **TOEFL** a menudo lo piden en las universidades estadounidenses para determinar el nivel de inglés. Hay que inscribirse por lo menos con seis semanas de anticipación.

trade school: *escuela profesional* para el aprendizaje de una profesión, oficio

to train (someone): *formar, capacitar a alguien*

trainee (GB): *pasante*

traineeship (GB): *pasantía*

transcript: lista de todos los cursos que el estudiante siguió, con las fechas y las calificaciones

tuition (US): *derechos de escolaridad*, calculados de acuerdo con los cursos por semana

$5 per semester credit hour (residents): *cinco dólares por curso semestral (residentes del estado)*

$50 per semester credit hour (nonresidents): *50 dólares por curso semestral (no residentes del estado)*

En las universidades públicas de un Estado, el monto suele ser menor para los habitantes (**residents**) de dicho Estado.

tuition waiver: una forma de ayuda financiera. El estudiante no paga la cuota de inscripción

undergraduate program/studies: *estudios universitarios* hasta **bachelor's degree** (cuatro años)

Union, Student Union: *asociación de estudiantes*

vocational school: *escuela técnica, vocacional*

vocational-technical training program: *programa de formación técnica*

work-study plan o **program**: programa hecho especialmente para los estudiantes que necesitan ayuda financiera. Tienen un trabajo de medio tiempo durante el año escolar y de tiempo completo durante el verano: el trabajo por lo general está directamente relacionado con los estudios que sigue.

Instructions	Cómo llenar un formulario
Notes for guidance on the completion of this form	*Instrucciones para llenar el formulario*
Read carefully the notes for guidance before completing this form	*Lea con atención las instrucciones antes de llenar este formulario*
Before completing this section, candidates/you are advised to consult...	*Antes de llenar esta sección, vaya a..., consulte...*
To be completed by (students) only	*Para que lo llene... solamente*
Complete the top part of this page	*Complete la parte superior de esta página*
Complete the top section of this form	*Complete la parte superior de este formulario*
Provide the information requested below	*Proporcione los datos que le piden abajo*
Respond to the following questions	*Responda a las preguntas siguientes*
Supply (the names of...)	*Proporcione los nombres de...*
Give details of	*Proporcione detalles de*
- the qualifications held	*- los títulos que posee*
- the proposed area of research	*- el tema de investigación que escogió*
Clip the coupon	*Cupón para desprender*
Do not detach	*No desprender*
Complete the waiver section of this form	*Complete el formulario de desistimiento incluido*
Please tick (appropriate box)	*Palomee, marque (el casillero correcto)*
Circle one	*Encierre en un círculo una (respuesta)*
Check (those) desired	*Palomee o marque sus respuestas*
If no, please explain	*Si la respuesta es no, explique por qué*
If yes, indicate/describe/give details	*Si la respuesta es sí, describa, detalle*
Delete as appropriate	*Tache las preguntas/respuestas innecesarias*

213

Others (specify)	*Otros (especifique)*
None of the above	*Ninguna de las que se mencionan*
Leave blank	*No llene, deje en blanco*
For office use only	*Casilla reservada a la administración*
Rank first three choices	*Indique sus tres primeras opciones por orden de preferencia*
Print	*Tipografía*
Block letters/block capitals	*Mayúsculas*
Complete this form in block capitals	*Llene el formulario con mayúsculas*
Please type or print in black ink	*Por favor, use máquina de escribir o letras de molde con tinta negra*
Please legibly print or type and fill out completely	*Llene todas las secciones con letra legible o a máquina*
Complete the form using a typewriter or black ink	*Llene este formulario en máquina de escribir o con tinta negra*
Address/Mail	*Dirección/Correo*
Complete and return this form before (12 October 20..) to:	*Llene este formulario y envíelo antes del (12 de octubre de 20..) a...*
Note that the deadline for applications to be submitted is February 23, 20..	*La fecha límite para enviar las solicitudes es el 23 de febrero de 20..*
Complete all the information requested, as appropriate, and return this form to...	*Llene el formulario con cuidado y envíelo a...*
Return this form to...	*Envíe este formulario a...*
Mail registration and payment to...	*Envíe el formulario y el pago a...*
Seal the envelope, sign or place your seal on the back flap	*Cierre el sobre, y firme en el envés*
Please seal and sign the back flap of the envelope	*Por favor, cierre y firme en el envés del sobre*
The completed form together with documentary evidence should be submitted to (appropriate head of department)	*Envíe el formulario (al responsable correspondiente) y adjunte los documentos necesarios*

214

Type of form	Tipo de formulario
Application form	*Solicitud de inscripción*
Registration form	*Solicitud de inscripción, de registro*
Subscription form	*Solicitud de suscripción*
Questionnaire	*Cuestionario*
Slip	*Cupón*
Flyer (GB)	*Volante*
Statement of purpose	*Carta de exposición de motivos*
Enclosed	*Adjunto*
Every applicant is required to submit along with his application...	*Cada aspirante debe llenar, además de esta solicitud...*
Continue on a separate sheet as required	*Si es necesario, continúe en una hoja suelta*
Continue on another sheet if necessary	*Continúe en otra hoja si es necesario*
Attach a current CV or résumé	*Adjunte un currículum*
Attach firmly... a recent passport-size photograph of yourself	*Adjunte (pegue o engrape)... una fotografía reciente de usted (tamaño pasaporte)*
Staple (the additional sheets of paper) to this form	*Engrape (las páginas adicionales) al formulario*
Attach the required information to this application	*Adjunte los documentos requeridos*
A copy of your (last...) must be attached to the application form	*No olvide adjuntar una copia de su (último...)*
See attached flyer (GB)	*Véase el documento adjunto*
Attached are 4 copies of...	*Se adjuntan cuatro copias de...*
Personal details	*Datos personales*
Name (of applicant)	*Apellido (del aspirante)*
Surname/family name/ last name	*Apellido*
Usual first name	*Nombre, nombre de pila*
Initials	*Iniciales*
Middle initial	*Inicial del segundo nombre*

Title (Ms, Mr., Dr., Pr., etc.)	*Título (Señora, Señor, Doctor, etc.)*
Sex male/female	*Sexo M/F*
Marital status	*Estado civil*
Single, married, other	*Soltero, casado, otro*
Social security number	*Número de seguridad social*
Height	*Altura*
Weight	*Peso*
Address	*Dirección*
Full mailing address	*Dirección completa*
Present address	*Dirección postal*
for correspondence or	
correspondence address	
Permanent home address	*Lugar de residencia*
Post Code (GB)	*Código Postal*
Zip Code (US)	
Birthdate/date of birth	*Fecha de nacimiento*
Year/month/date	*Año/mes/día*
Citizenship/nationality if	*Nacionalidad, en caso de doble*
dual, give both	*nacionalidad mencione las dos*
Country of birth	*Lugar de nacimiento*
Passport number valid	*Número de pasaporte expira el*
until...	*(fecha)*
Occupation	*Profesión*
Business telephone (include	*Teléfono del trabajo (indique el*
area code)	*código del área)*
Telex number	*Número de télex*
Fax number	*Número de fax*

References/Evaluation	Referencias/Evaluación
Testimonials	Testimonios
Letters of reference	Cartas de recomendación
Referee	Persona que da las referencias
Recommender	Quien recomienda a alguien
Evaluator	Quien evalúa a alguien
In what capacity do you know this person?	¿En qué medida conoce al aspirante?
Recommendation by (Head of Dept.)	Opinión del (Jefe de Depto.)
In summary, I would give a	En resumen, daré una
- very strong	- opinión muy favorable
- strong	- opinión favorable
- average	- opinión no definida
- below average recommendation	- opinión desfavorable
To give (your) assessment of a candidate	Evaluar a un aspirante
To give a candid assessment	Dar una opinión objetiva
To assess (someone)	Evaluar, juzgar
To appraise	Evaluar
To give an appraisal of	Hacer una evaluación de
To evaluate	Evaluar
Please evaluate the applicant as best and as fairly as you can	Por favor, evalúe al aspirante lo más claro y objetivamente posible
To provide a candid evaluation	Dar una evaluación objetiva
Discuss the applicant's most salient strengths	Mencionar las fortalezas del aspirante
Please discuss the applicant's weaknesses	Mencione las debilidades del aspirante
Please discuss your perception of the applicant's potential in a professional environment wing the completion of (x) work	Opine sobre el potencial del aspirante en un ambiente profesional después de haber hecho un trabajo

217

To rate	*Evaluar, clasificar*
Rate the applicant's achievements when compared to those of his or her peers	*Evaluar los resultados del aspirante comparándolos con los de sus iguales*
Please rate the applicant on the qualities listed below and in comparison to (other candidates)	*Ubique al aspirante en la lista de cualidades que aparece a continuación, comparándolo (con otros aspirantes)*
To give a rating on a grid	*Llenar una rejilla de evaluación*
A grid	*Rejilla*
Ratings	*Puntuación*
Outstanding	*Excepcional*
Superior (top 5%)	*Sobresaliente (5% de los primeros)*
Excellent (top 15%)	*Excelente (entre 15% de los primeros)*
Good (top third)	*Bueno (tercio superior)*
Average (middle third)	*Promedio (tercio intermedio)*
Poor (bottom third)	*Bajo (tercio inferior)*
No information	*Sin datos*
Unable to rate	*Sin datos*
Above average	*Por arriba de la media*
Below average	*Por debajo de la media*
List of qualities	*Lista de cualidades*
Ability in oral expression	*Capacidad para expresarse oralmente*
Ability in written expression	*Capacidad para expresarse por escrito*
Articulate	*Se expresa con facilidad*
Ability to accept and give criticism	*Capacidad para recibir y hacer críticas*
Ability to develop and implement new ideas and techniques	*Capacidad de concebir y poner en práctica nuevas ideas y técnicas*
Analytical ability	*Capacidad de análisis*
Creativity	*Creatividad*
Intellectual ability	*Capacidad intelectual*
Interpersonal skills/to work well with others	*Habilidad para relacionarse/para trabajar en equipo*
Communication skills	*Habilidad para la comunicación*
Organisational skills	*Habilidades organizacionales*

218

Leadership potential	*Capacidad de líder*
Maturity	*Madurez*
Motivation	*Motivación*
Perseverance	*Tenacidad*
Personal integrity	*Honestidad*
Self-confidence	*Autoconfianza*
Sense of humor	*Sentido del humor*
Confidentiality	*Confiable*
To waive (a right)	*Renunciar (a un derecho)*
I hereby waive/do not waive my right of access to this recommendation	*Renuncio o no renuncio a mi derecho de acceso a la (X) carta de recomendación*
The applicant may waive this right of access to letters of evaluation	*El aspirante puede renunciar a su derecho de acceso a las cartas de recomendación*
Do you waive future access to this recommendation?	*¿Renuncia usted a tener acceso a esta carta de recomendación?*
I do/I do not	*Sí/No*
Comments will be held completely confidential	*Los comentarios serán confidenciales*
This letter of recommendation is confidential	*Esta carta de recomendación es confidencial*
Please provide in confidence your evaluation of the applicant's academic ability and potential	*Por favor, explique de manera confidencial su opinión acerca de la capacidad académica del aspirante y su potencial*

Esta obra se terminó de imprimir en Junio del 2005
En Diseño de Medios Impresos, S.A. de C.V.
Sur 127 No. 199 Col. Minerva, C.P. 09810
Impreso en México / Printed in Mexico